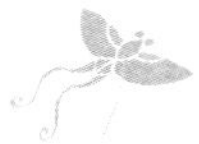

les jeux de LA CHINE

Déjà parus dans la collection Récré-Musées :

Les jeux de l'Égypte

Les jeux de Versailles

Les jeux du Moyen Age

Les jeux de la Préhistoire

Les jeux de la Grèce

30 jeux autour des impressionnistes

Les jeux de la mer

30 jeux autour de Napoléon

30 jeux autour des rois de France

30 jeux autour du Monde

Les jeux de Planète Pilote

Les jeux du Louvre

Remerciements

刘佩华 du musée national des arts asiatiques - Guimet.

Caroline de Lambertye de l'agence photographique de la RMN,
M-C. B. , J. G., Confucius, Laozi.

Et à Madame Wang pour sa patience et son sourire.

254-256 rue de Bercy - 75012 Paris

les jeux de LA CHINE

中国游戏

Textes et jeux de
Philippe Dupuis

mis en images par
Jack Garnier

Réunion des Musées Nationaux
Grand Palais

Sommaire

Jeux

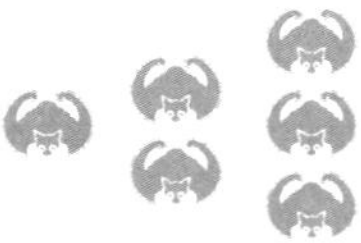

En haut de chaque page, une, deux ou trois chauves-souris selon la difficulté du jeu. En Chine la chauve-souris est le symbole de la chance.

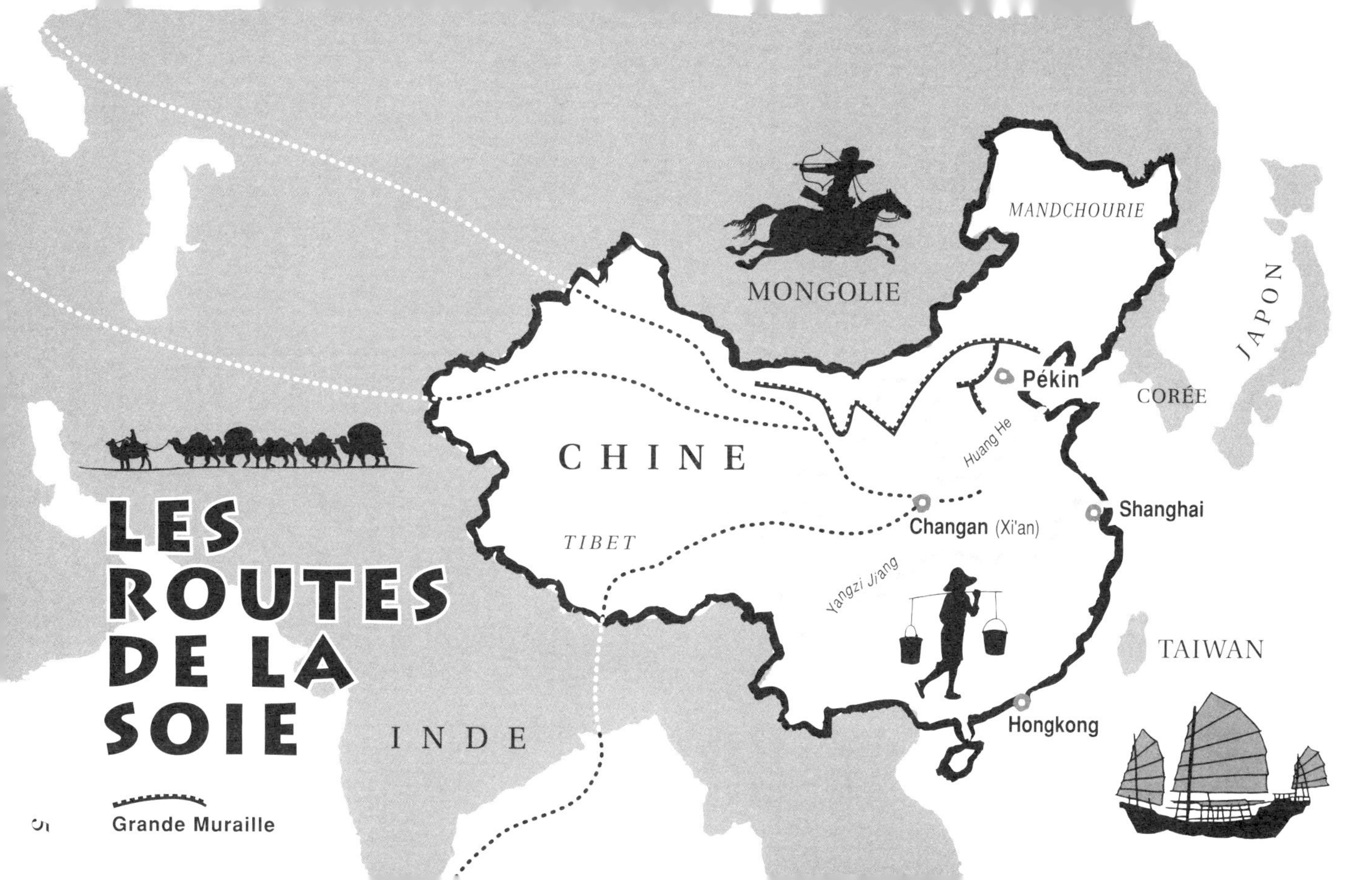
LES ROUTES DE LA SOIE
MONGOLIE
MANDCHOURIE
JAPON
CORÉE
Pékin
CHINE
Huang He
Shanghai
Changan (Xi'an)
TIBET
Yangzi Jiang
TAIWAN
Hongkong
INDE
Grande Muraille

PETITE HISTOIRE DE LA CHINE

Il y a plus de 8000 ans, les premiers Chinois travaillaient la terre et élevaient du bétail. Ils vécurent coupés du monde jusqu'à l'ouverture de la «Route de la Soie». Depuis 3000 ans les dynasties qui se sont succédé au pouvoir donnent les grandes dates de l'histoire de la Chine. C'est la plus ancienne civilisation dont l'écriture soit encore en usage aujourd'hui.

Dynastie
XIA
environ 1900-1650 av. J.-C.

Travail du **jade**.

Dynastie
SHANG
1650-1066 av. J.-C.

Travail du **bronze** et naissance de l'écriture.

Dynastie
ZHOU
1066 - 221 av. J.-C.

Agrandissement du royaume. Les penseurs **Confucius, Laozi** et leurs disciples influencent la société pour les siècles à venir.

Dynastie
QIN
221 - 207 av. J.-C.

Qin Shi Huangdi devient le Premier empereur de la Chine unifiée. Début de la construction de la **Grande Muraille**, unification de la monnaie, des poids et des mesures. En 1974, le tombeau du Premier empereur a été découvert avec son armée composée de plus de 3000 statues de soldats et de chevaux.

Dynastie
HAN
206 av. J.-C. - 220 apr. J.-C.

Production en série du papier et de la soie. Apparition du bouddhisme. Contrôle de la « **Route de la Soie** ».

Période de
troubles
220 - 580

Division de la Chine en plusieurs royaumes. Développement du **bouddhisme.**

Dynastie
SUI
580 - 618

Réunification du Nord et du Sud. Percement du **grand Canal** entre le Yangzi et le fleuve Jaune. Reconstruction de la Grande Muraille.

Dynastie
TANG
618 - 907

L'âge d'or de la Chine ancienne. Développement du commerce et des arts. Le **thé,** cultivé au sud, devient une boisson appréciée.

Période des
cinq dynasties
907 - 960

Les souverains se succèdent rapidement. Les provinces deviennent plus puissantes.

Dynastie
SONG
960 - 1 279

Rétablissement du pouvoir central. Révolution industrielle, la production est distribuée dans tout le pays. Les empereurs encouragent les arts, la poésie et la **calligraphie**.

Dynastie
YUAN
1279-1368

Dynastie des **Mongols.** Exportation des produits de luxe, Marco Polo et les Européens découvrent la Chine.

Dynastie
MING
1368-1644

Les Chinois reprennent le pouvoir. En 1406, édification de la **Cité Interdite**, le palais impérial de Pékin. Renforcement et fin des travaux de la Grande Muraille. C'est la grande période des **porcelaines** bleues et blanches.

Dynastie
QING
1644-1912

Le pouvoir est aux mains des **Mandchous.** L'Empire chinois décline, les puissances étrangères attaquent la Chine de tous les côtés. Affaiblie, la dynastie est renversée en 1911. Les Chinois créent la première république. **Pu Yi**, le Dernier empereur quitte le trône en 1912, il a 6 ans.

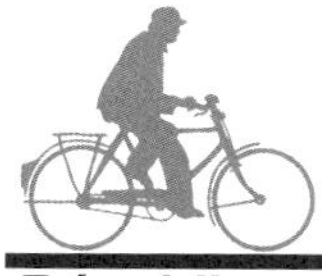

République
1911 à nos jours.

Instauration de la république, guerre contre le Japon et affrontements entre nationalistes et communistes. En 1949 après la victoire des communistes, **Mao Zedong**, leur chef, met en place la **République Populaire de Chine.**

PORTRAITS CHINOIS

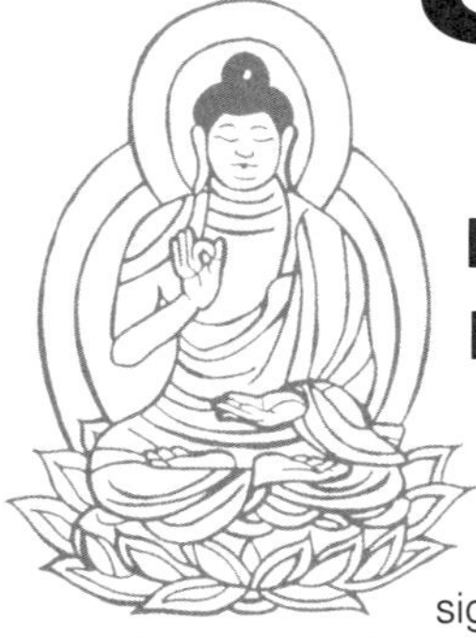

Les penseurs pacifistes

BOUDDHA : né en Inde en 525 av. J.-C. Son nom signifie «l'éveillé» ou «l'illuminé». Le bouddhisme est arrivé en Chine au Ier siècle et s'est développé jusqu'à la dynastie des Tang.

CONFUCIUS : «le prince sans couronne» 551-479 av. J.-C. Il enseigna aux hommes le respect mutuel et le culte des ancêtres. Les sujets devant honorer leur souverain et réciproquement.

LAOZI ou Lao Tseu : «le vieux maître» contemporain de Confucius, il est à l'origine du **taoïsme.** Pour lui les hommes doivent mener une vie simple et équilibrée pour trouver la voie, «le Dao». Le symbole du Yin et du Yang, représente l'équilibre naturel.

Les années et les saisons

Les Chinois associent un animal à leur année de naissance, pour un cycle de douze ans :
bœuf - tigre - lapin dragon - serpent cheval - chèvre - singe coq - chien et sanglier.
En janvier 2001, l'année du dragon se termine et s'ouvre l'année du serpent.

Les saisons sont représentées par des fleurs :
Printemps : **pivoine**.
Été : **lotus**.
Automne : **chrysanthème**.
Hiver : **prunier.**

Les animaux mythologiques

DRAGON : une tête de chameau, des oreilles de taureau, des pattes de tigre avec des serres d'aigle, des moustaches de chat... Le dragon est fort et bienveillant, c'est depuis le Premier empereur l'emblème des souverains.

PHÉNIX : oiseau fabuleux unique en son genre, le phénix femelle est le symbole de l'impératrice.

LICORNE : une tête de lion portant une, deux ou trois cornes, elle a le corps d'un cerf couvert d'écailles et symbolise la fortune et le bonheur.

TORTUE : animal à la fois réel et imaginaire, c'est le plus mystérieux des animaux symboliques.
Ses formes représentent le Ciel et la Terre.

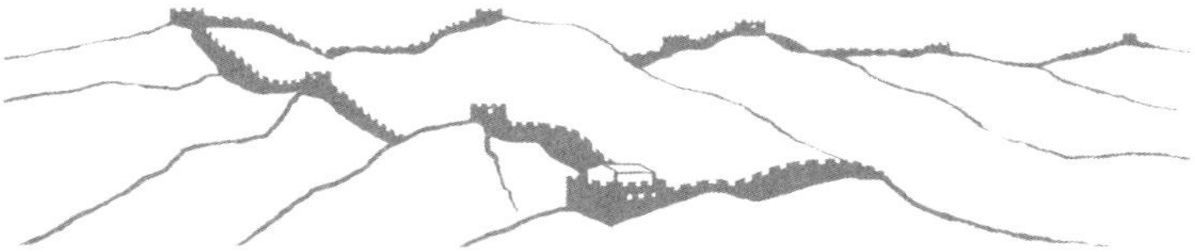

JADE: pierre dure très fine très difficile à travailler. Pour les Chinois, le jade était plus précieux que l'or.

CALLIGRAPHIE: l'art d'écrire avec un pinceau imbibé d'encre a commencé avec l'utilisation de la soie et du papier comme support. La calligraphie est l'une des «trois perfections» avec la poésie et la peinture. Le **lettré** devait maîtriser ces trois perfections. Les caractères chinois sont nés de la lecture des empreintes laissées par les animaux.

PAGODE: édifice sacré des bouddhistes, c'est une tour de trois à quinze étages, finement décorée.

SCEAU: remplace la signature et permet d'authentifier les documents. Certains sceaux que l'on appose à la fin de la correspondance ont des messages, comme «Meilleurs vœux de nouvel an».

LA GRANDE MURAILLE: une construction de plus de 5 000 kilomètres bâtie pour protéger la Chine des invasions du nord. Commencée sous le Premier empereur (vers 215 av. J.-C.), elle fut achevée quinze siècles plus tard.

YIN - YANG: symboles du taoïsme, ils représentent l'harmonie de la nature, la Terre et le Ciel, le féminin et le masculin, la passivité et le mouvement.

SOIE: Dès le IIIe siècle av. J.-C., les Chinois découvraient que le cocon du bombyx (ver du mûrier), contenait plus de 1 500 mètres d'un fil que l'on pouvait tisser et qui donnait un tissu merveilleux, la soie. Grâce au secret de sa fabrication, la soie a été pendant des siècles une richesse pour la Chine.

LES ROUTES DE LA SOIE: reliant le centre de la Chine à l'Asie et à l'Europe, elles permettaient, dès le Ier siècle, aux Chinois de vendre ou d'échanger la soie, puis les épices, le thé, la porcelaine et autres produits rares. Les routes traversaient les zones montagneuses et les déserts d'oasis en oasis.

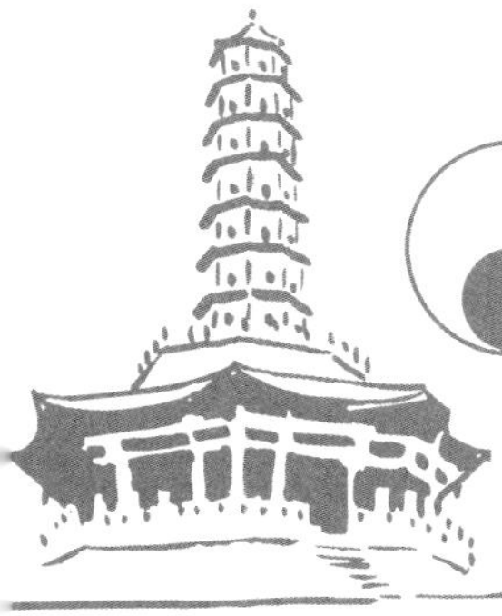
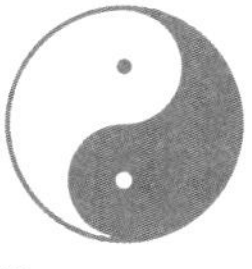
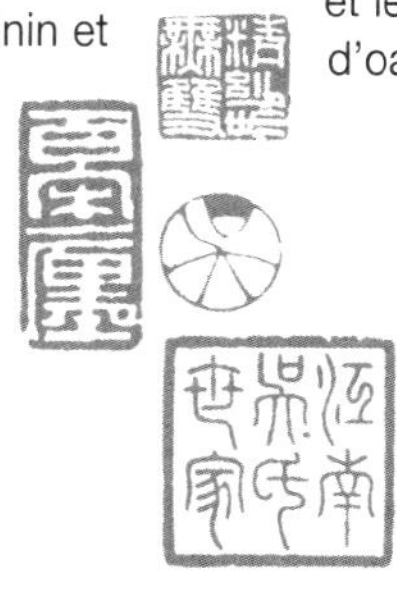
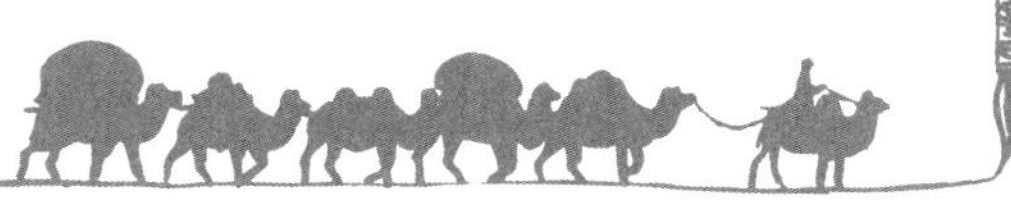
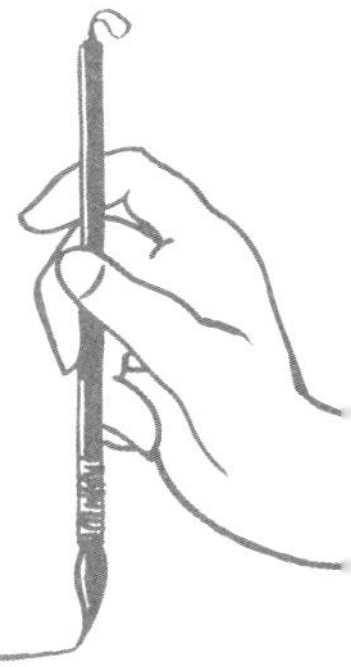

PAPIERS DÉCOUPÉS

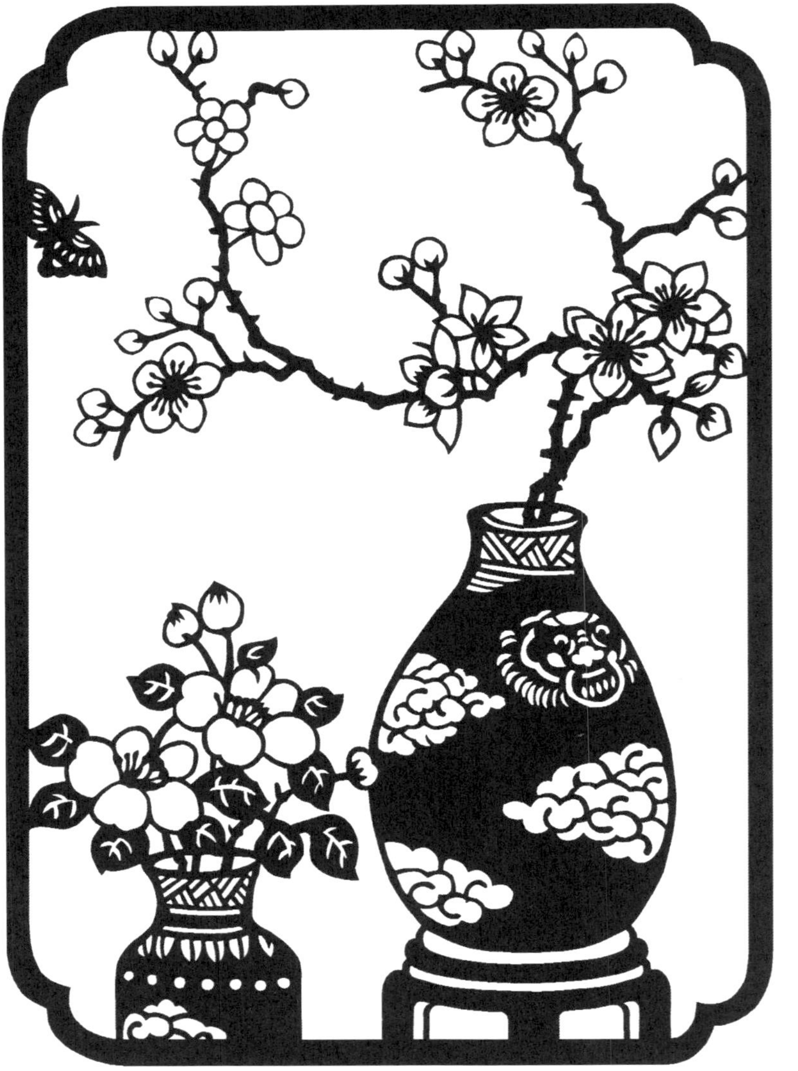

Il y a **11** différences
entre les deux découpages,
à toi de les trouver.

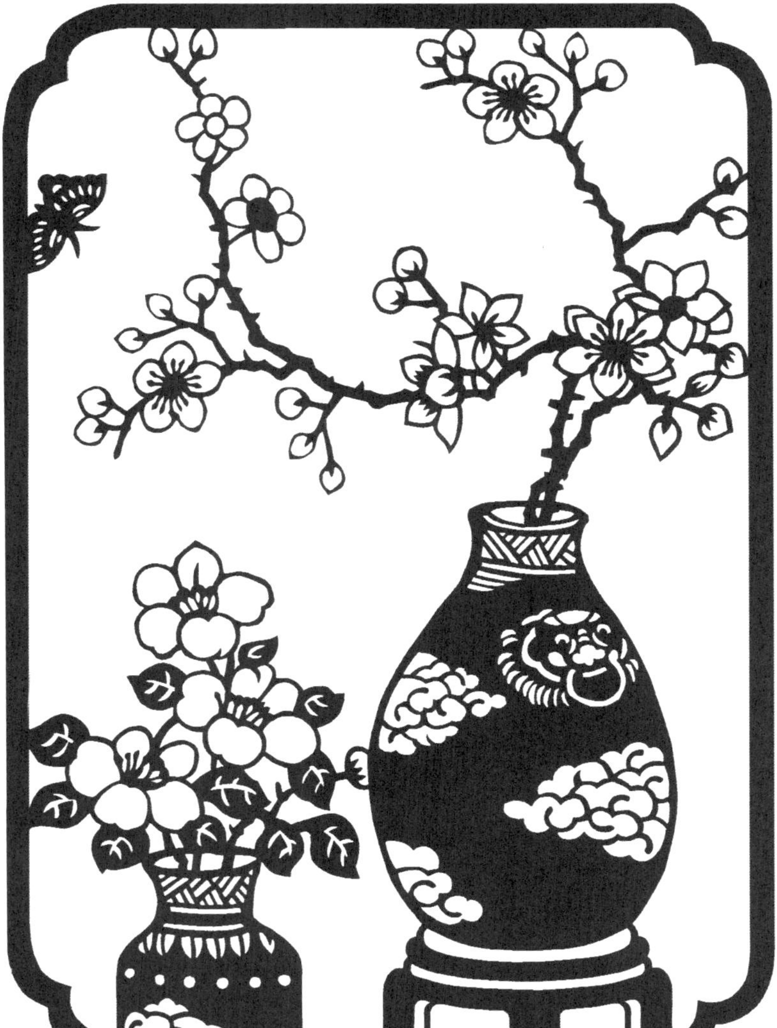

CACHÉ DANS...

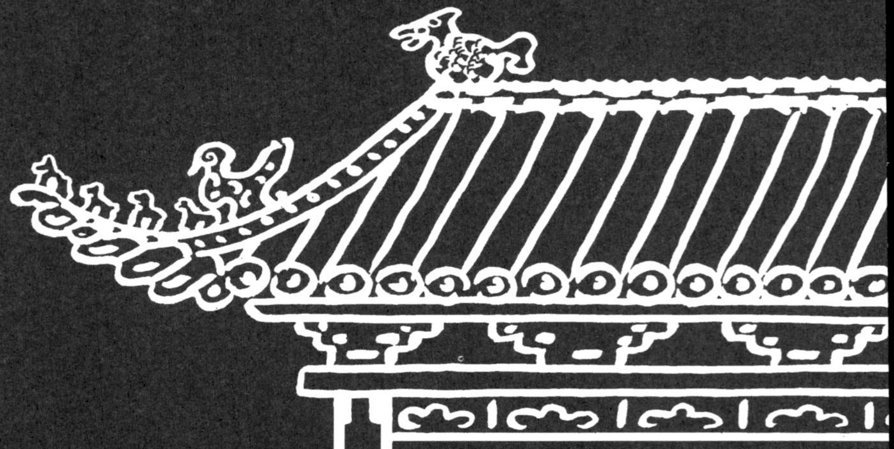

Que cherche l'artiste dans le pavillon ?

Retrouve les mots ci-contre sur la page de droite.
Ils se lisent :

- de gauche à droite,
- de droite à gauche,
- de haut en bas et
- de bas en haut.

Quand tu les auras tous rayés, il te **restera 7 lettres** qui te donneront l'objet recherché.

ANEMONE ■ ARC ■ ARME ■ BAMBOU ■ BONZE ■ BOUDDHA ■ BOULIER ■ BRONZE ■ CAGE ■ CALLIGRAPHIE ■ CANTON ■ CELADON ■ CHINE ■ CONFUCIUS ■ DAME ■ DELUGE ■ DIGUE ■ DONG ■ DRAGON ■ GATEAU ■ ILE ■ IMPERATRICE ■ JADE ■ JEU ■ LICE ■ LOI ■ MEKONG ■ MOINE ■ OPALE ■ PAGODE ■ PEKIN ■ PHENIX ■ PIVOINE ■ PORCELAINE ■ POUDRE ■ PRINCE ■ ROSIER ■ SCEAUX ■ SOIES ■ TIBET ■ TIGRE ■ TOUR ■ URNE

...LE PAVILLON

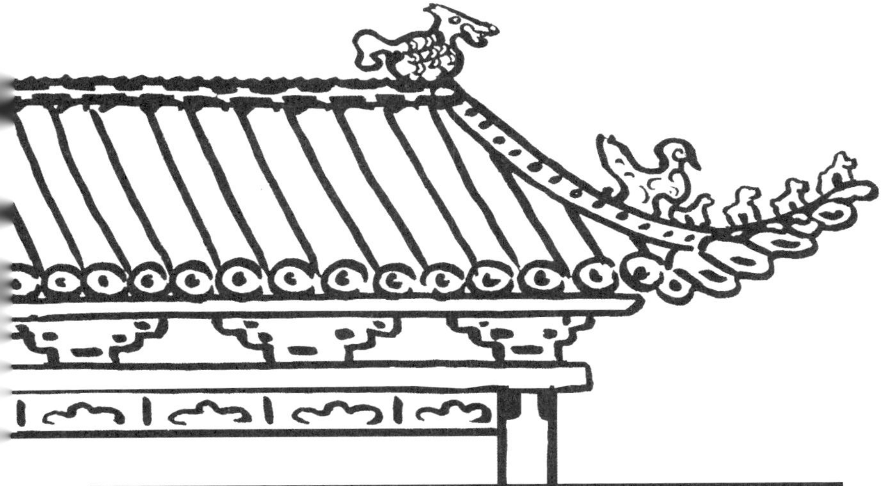

E	I	H	P	A	R	G	I	L	L	A	C
N	I	K	E	P	P	I	V	O	I	N	E
I	M	P	E	R	A	T	R	I	C	E	L
A	O	S	P	I	G	N	O	K	E	M	A
L	I	E	Z	N	O	B	I	G	N	O	D
E	N	I	H	C	D	R	A	G	O	N	O
C	E	O	N	E	E	O	P	A	L	E	N
R	O	S	I	E	R	N	O	T	N	A	C
O	C	J	A	D	E	Z	U	E	M	R	A
P	H	E	N	I	X	E	D	A	B	E	H
T	O	U	R	G	E	N	R	U	A	A	D
I	D	E	L	U	G	E	E	E	M	A	D
B	E	S	C	E	A	U	X	U	B	R	U
E	L	S	U	I	C	U	F	N	O	C	O
T	I	G	R	E	R	E	I	L	U	O	B

ENCRE DE CHINE

Colorie en noir les surfaces marquées d'un point.

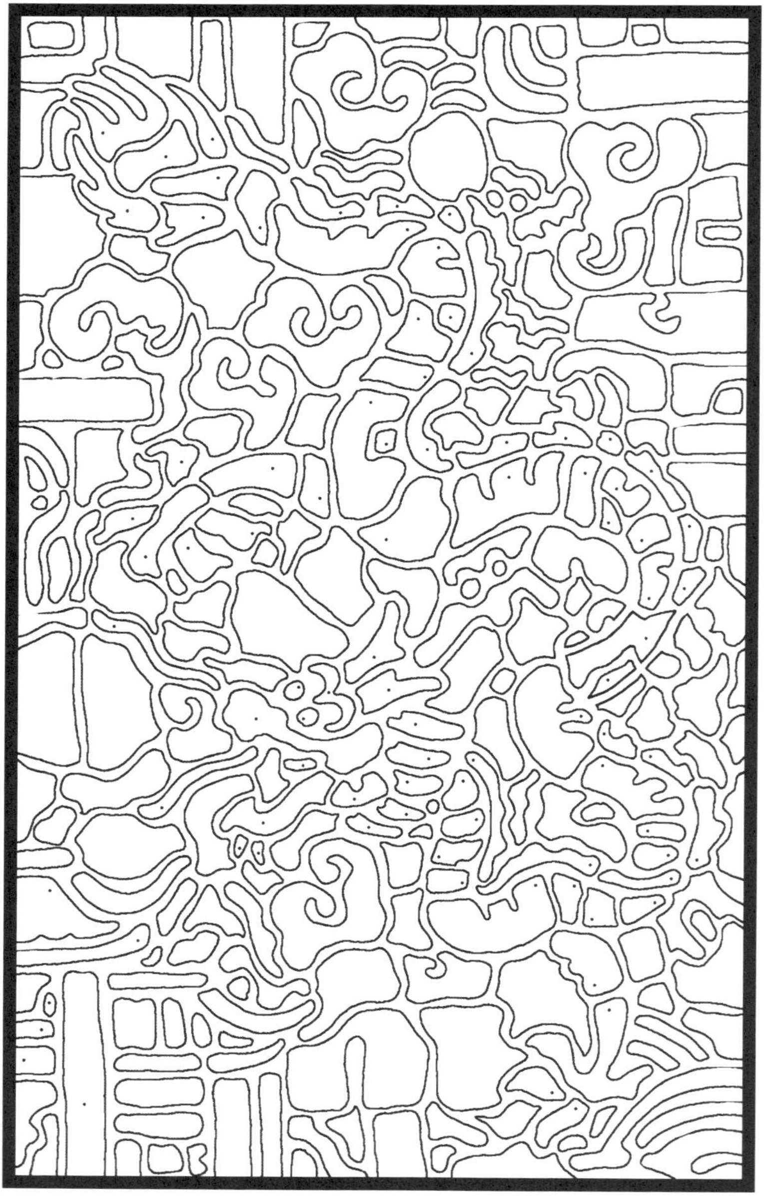

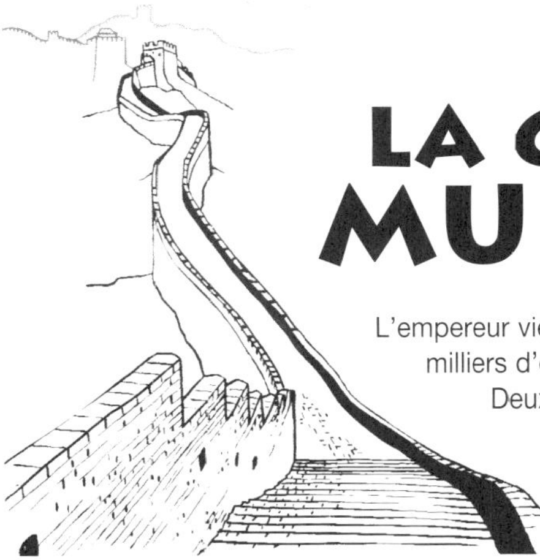

LA GRANDE MURAILLE

L'empereur vient en visite sur le chantier, des milliers d'ouvriers sont au travail.
Deux habiles bâtisseurs, Chang et Li, attirent son attention.
Fais comme l'empereur, regarde bien et réponds aux questions.

1 • Combien chaque ouvrier a-t-il posé de briques ?

2 • S'il faut 3 minutes pour poser 1 brique, quel est le temps de travail en heure et minutes, pour chacun ?

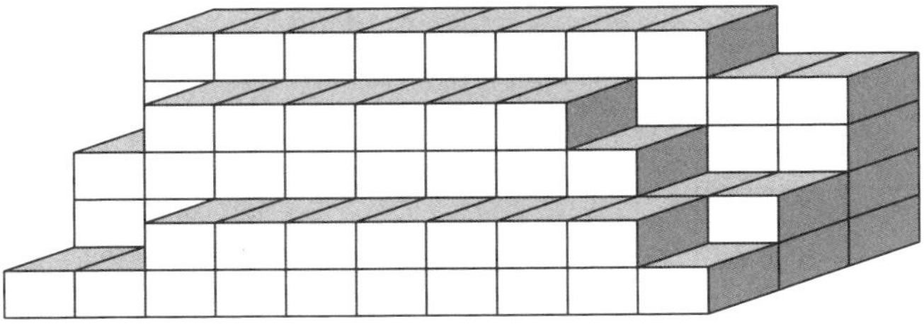

Chang

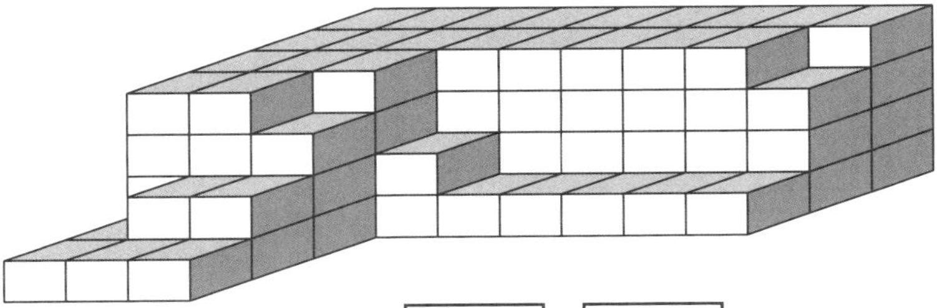

Li

LA ROUTE DE LA SOIE

Emprunte le chemin des papillons pour aller de **VENISE** à **CHANGAN** (en passant par le pont).

Tu dois aller de case en case en passant d'un papillon NOIR à un papillon GRIS puis à un BLANC et ainsi de suite. Tu peux aller dans tous les sens, **sauf en diagonale**, et tu ne dois jamais passer deux fois sur le même papillon. Bonne route !

VENISE

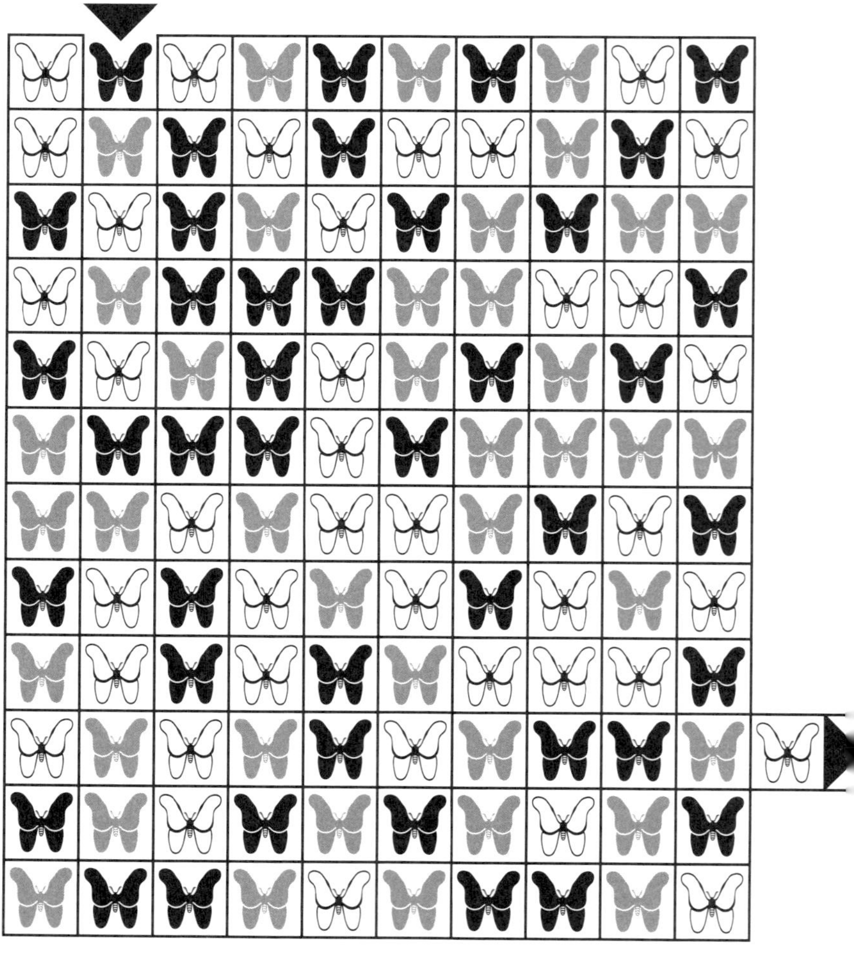

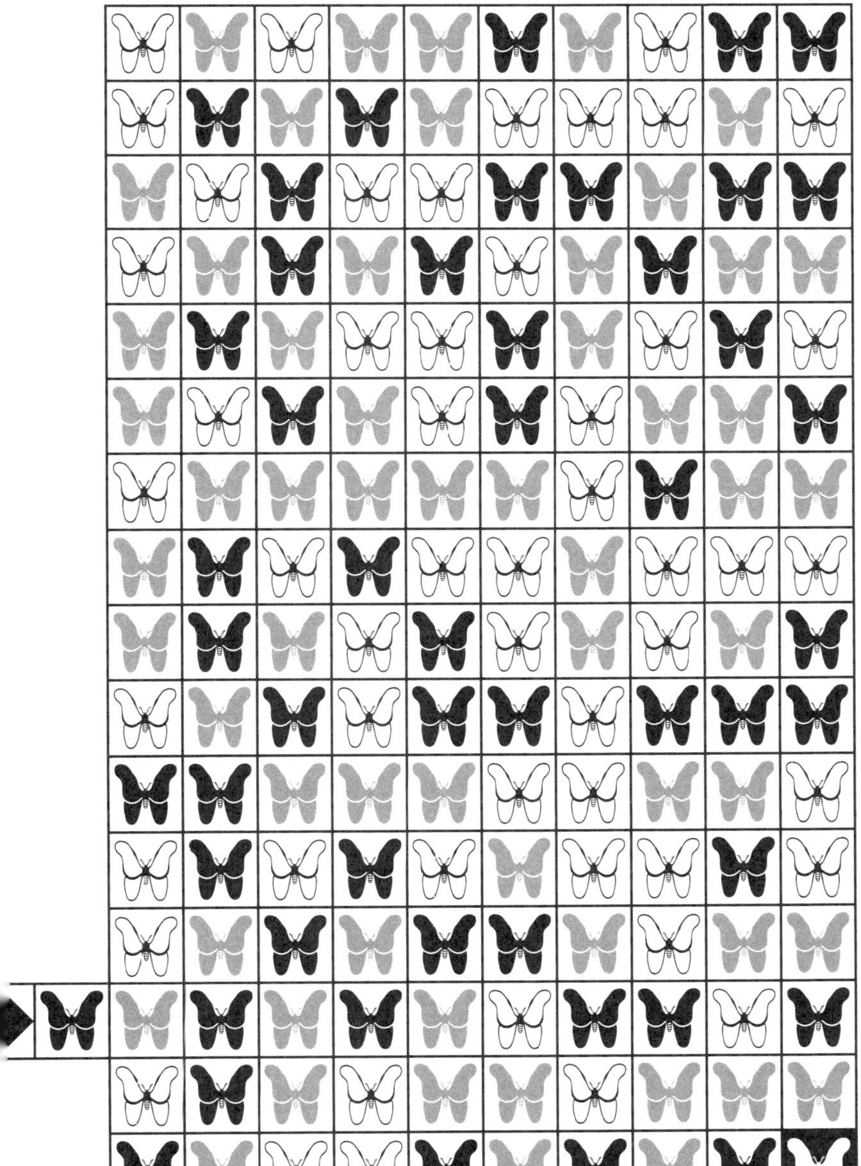

CHANGAN

TIENS LE BAMBOU

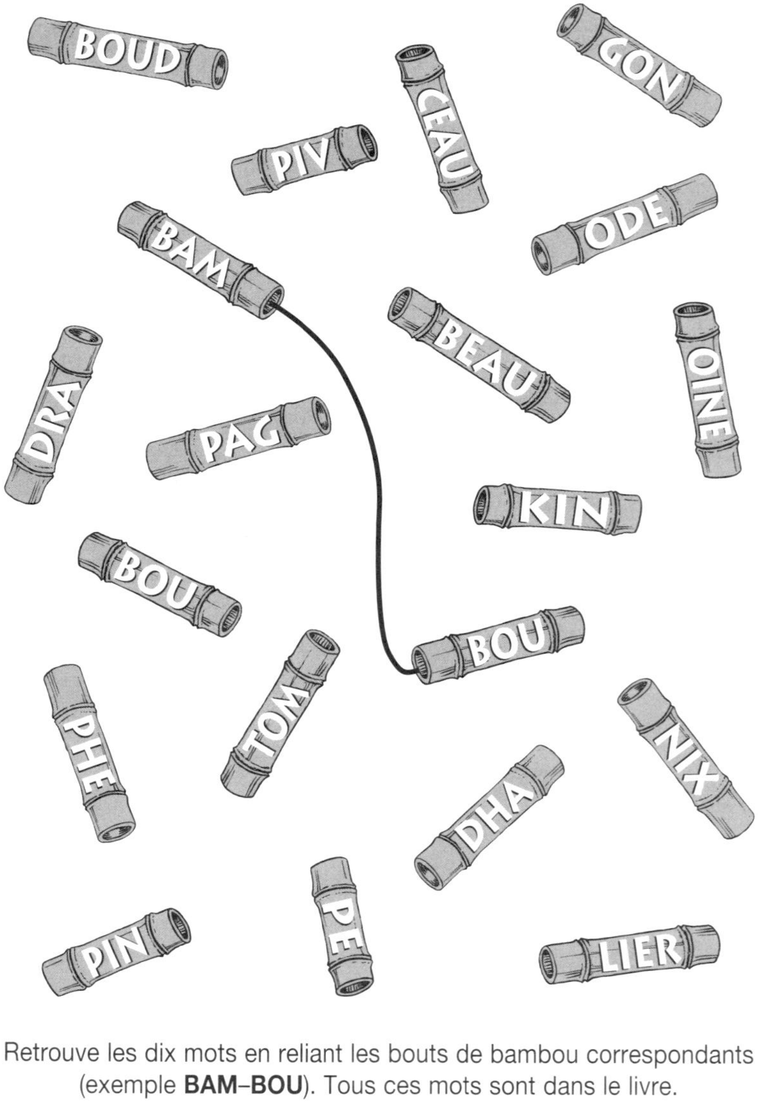

Retrouve les dix mots en reliant les bouts de bambou correspondants (exemple **BAM–BOU**). Tous ces mots sont dans le livre.

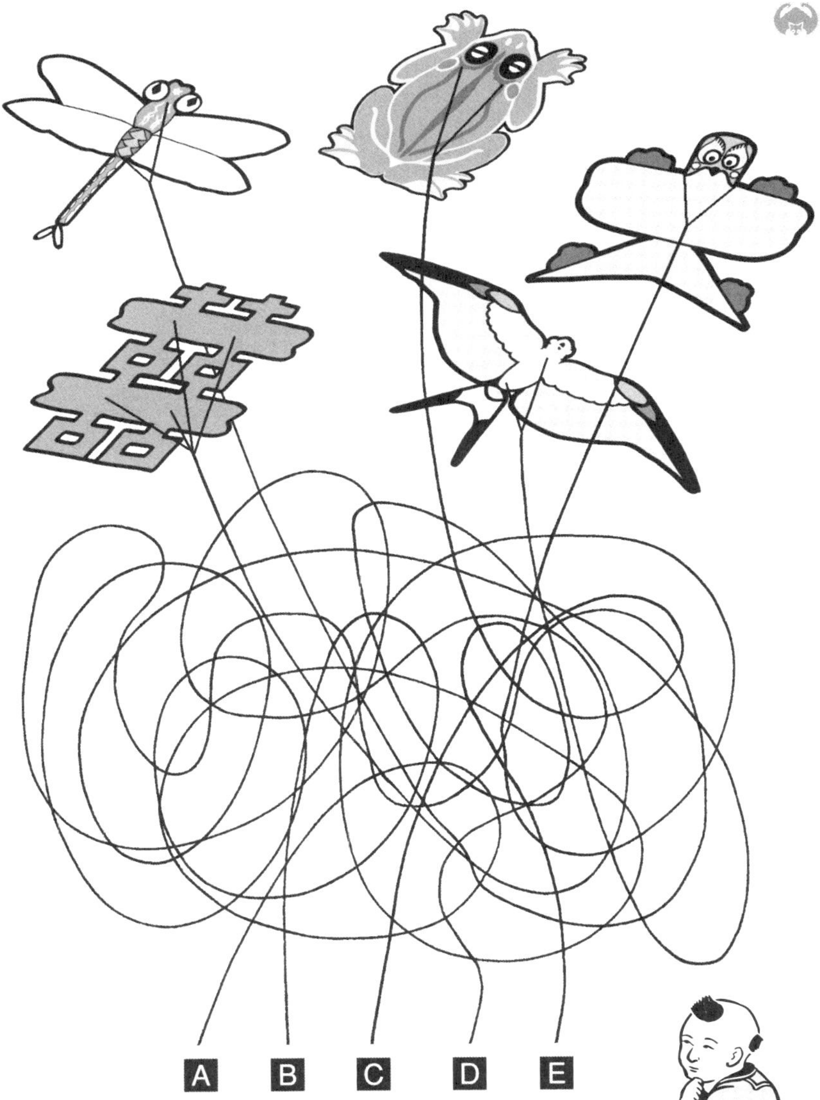

CERFS-VOLANTS

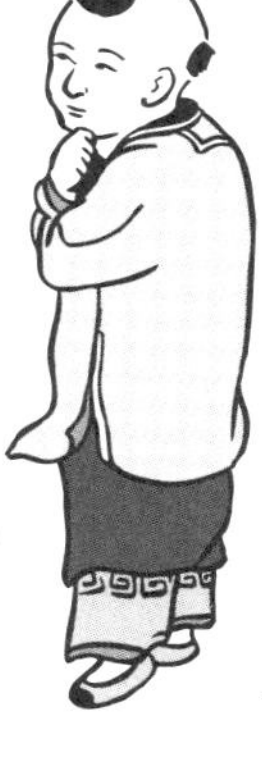

Les ficelles de ces cerfs-volants se sont emmêlées.
Le jeune Chang veut rattraper le sien en forme de libellule.

Quelle ficelle doit-il saisir ? ☐

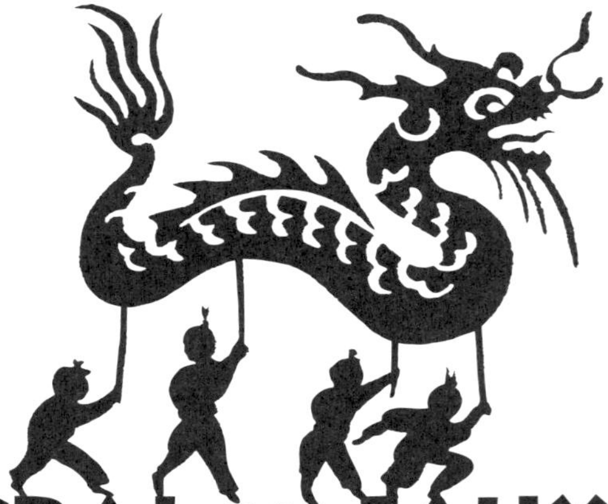

VRAI OU FAUX ?

	VRAI	FAUX	
A	❐	❐	En Chine, il y a **plus d'un milliard** d'habitants.
B	❐	❐	**Confucius** est le nom du premier empereur.
C	❐	❐	Le ver à soie est la larve du **bombyx**.
D	❐	❐	**Hongkong** est la capitale de la Chine.
E	❐	❐	**Marco Polo** est parti en Chine à l'âge de dix-sept ans.
F	❐	❐	**Mao Zedong** et le dernier empereur.
G	❐	❐	L'**alphabet** chinois se compose de plus de mille lettres.
H	❐	❐	Le **yen** est la monnaie chinoise.
I	❐	❐	Le **drapeau** chinois est rouge avec cinq étoiles jaunes.
J	❐	❐	La **Grande Muraille** mesure plus de dix mille kilomètres.
K	❐	❐	**Bouddha** est aussi appelé «l'Éveillé».
L	❐	❐	Le **ping-pong** était le jeu préféré de l'empereur Ping.

L'ASSIETTE CASSÉE

Au moment de recoller l'assiette cassée, l'artisan s'aperçoit qu'il lui manque deux petits morceaux. Aide-le à les retrouver.

A = ☐ B = ☐

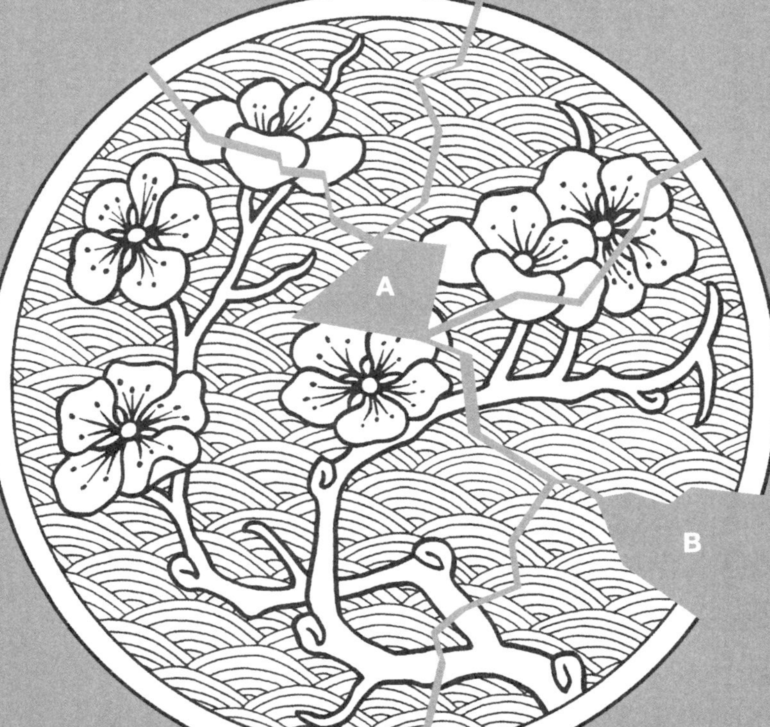

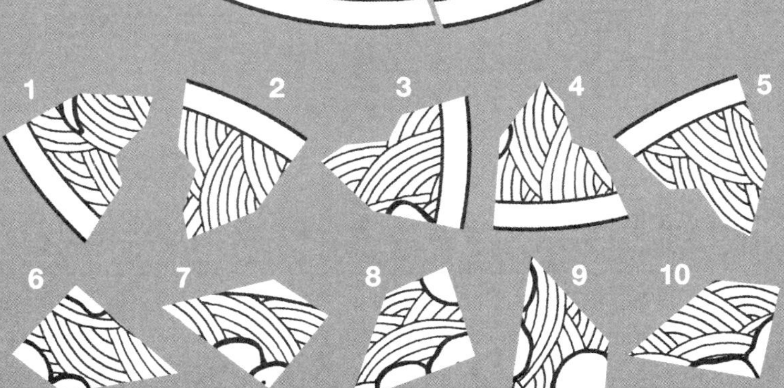

L'EMPEREUR...

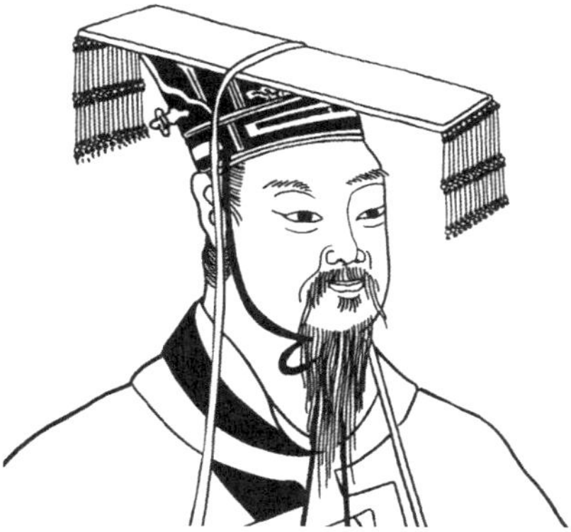

Pour les Chinois, les animaux et les plantes ont tous un sens symbolique.

Replace les animaux dans la grille de l'Empereur...

Ecris les noms horizontalement.

BŒUF	la force paisible, la campagne et la tolérance
CHAUVE-SOURIS	richesse, bonheur (elle décore de nombreux objets)
COLOMBE	longue vie et fidélité conjugale
DRAGON	symbolise le Ciel et l'Empereur, il est partout
LICORNE	purifie l'eau des sources et symbolise le succès à l'école
PHÉNIX	le chef des oiseaux, juste et fidèle, c'est le symbole de la paix
SERPENT	gardien des richesses, il représente le mal
TORTUE	le ciel et la terre, elle pouvait vivre plus de mille ans

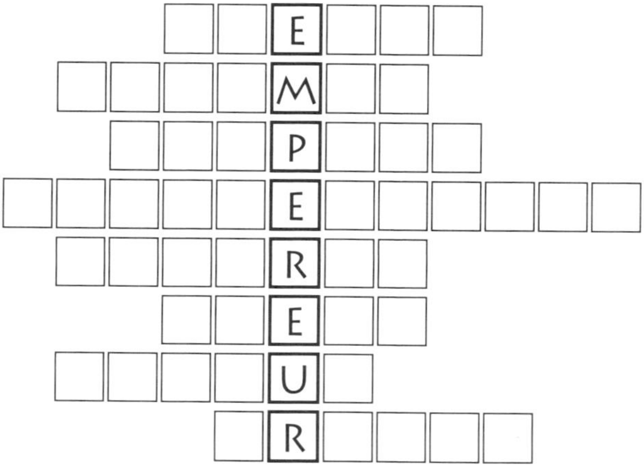

ET L'IMPÉRATRICE

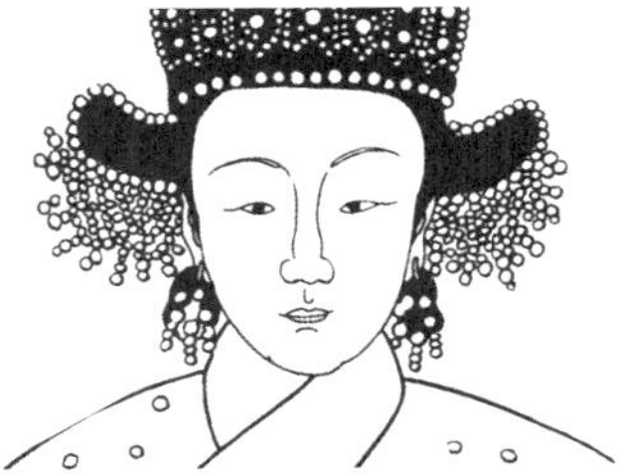

...replace les plantes dans la grille de l'Impératrice.

Ecris les noms verticalement.

ABRICOT	beauté féminine, son noyau (en amande) est la forme idéale de l'œil
AZALÉE	fleur du coucou qui annonce le printemps
CAMÉLIA	inspire le poète, ses feuilles font une bonne tisane
CERISIER	la beauté des «jeunes filles en fleurs»
GRENADE	offerte aux jeunes mariés pour avoir des enfants
LOTUS	pureté et perfection, sa fleur incarne l'été
MURIER	symbole du confort, ses feuilles nourrissent les vers à soie
NARCISSE	«Génie des eaux», pureté et indépendance
PÊCHER	repousse le mal, la pêche est le fruit de l'immortalité
PIN	longévité et résistance
PRUNIER	arbre de l'hiver, ses fleurs décorent les vases offerts au nouvel an

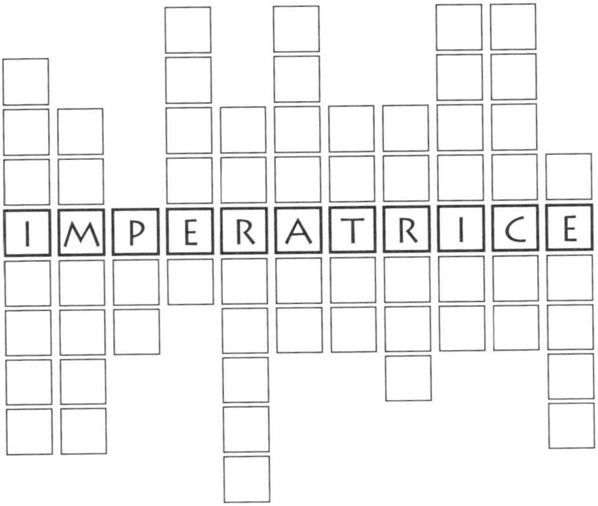

LE GRAND MARÉCHAL

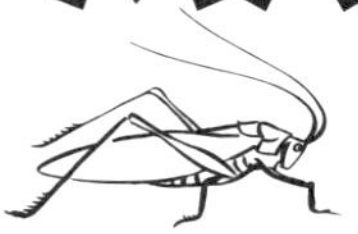

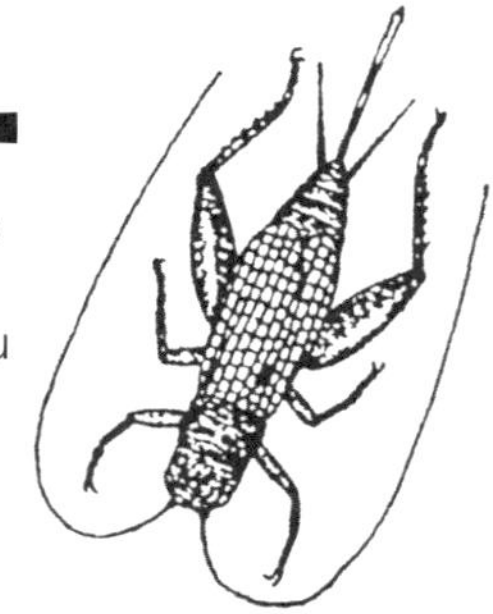

1

Depuis toujours les Chinois aiment les grillons pour leur chant et leur qualité de combattant. Les rencontres ont lieu dans de petites arènes au moment du festival de la lune. Dans ces combats populaires les grillons sont souvent blessés, mais il n'y a pas de mise à mort.

Le vainqueur porte le titre de «Grand Maréchal».

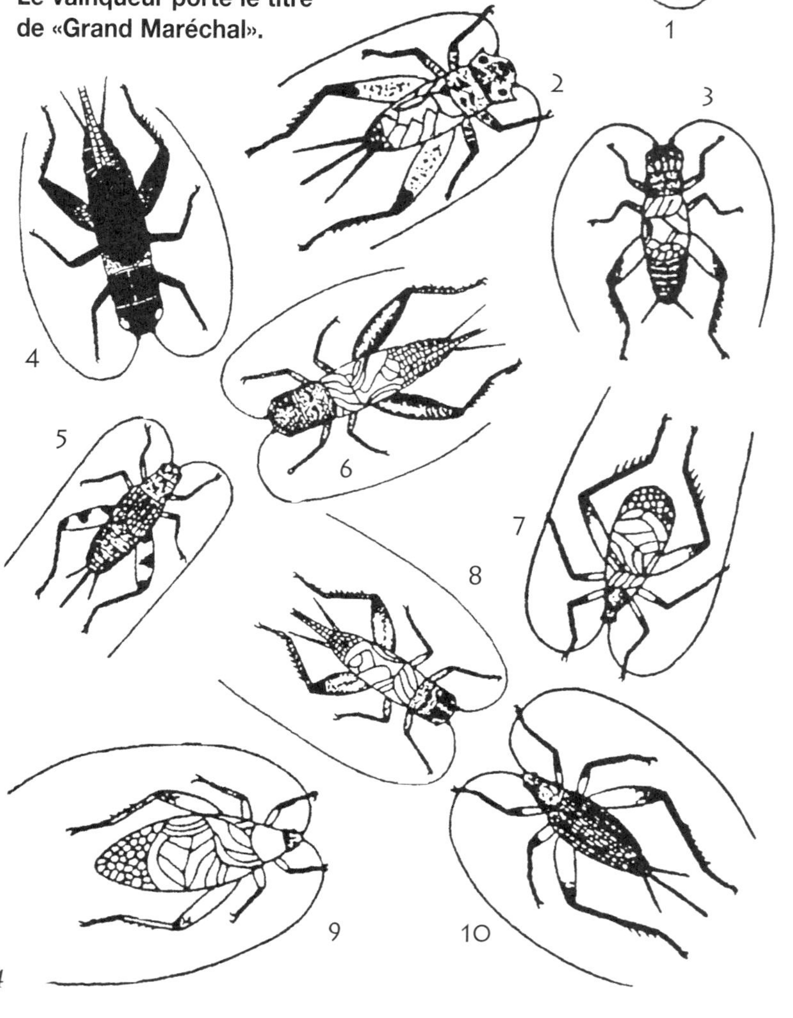

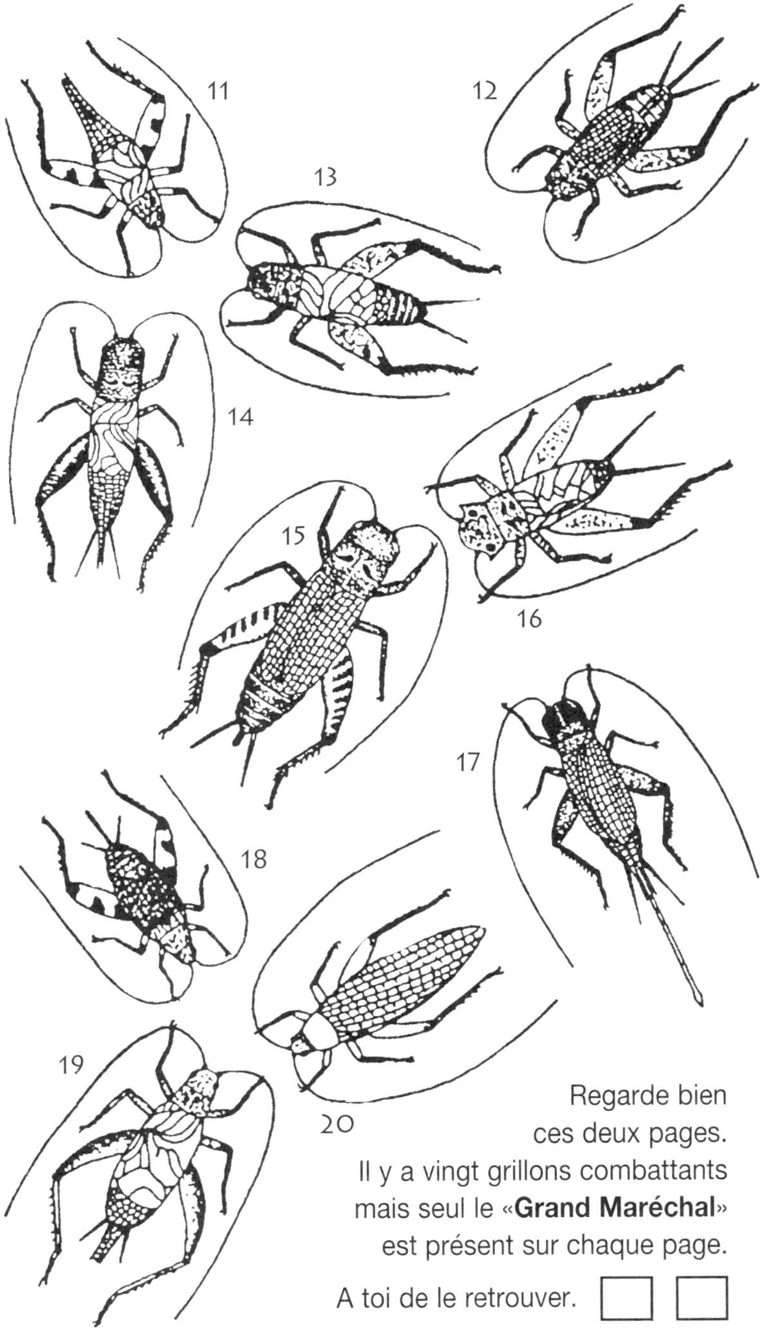

Regarde bien
ces deux pages.
Il y a vingt grillons combattants
mais seul le «**Grand Maréchal**»
est présent sur chaque page.

A toi de le retrouver. ☐ ☐

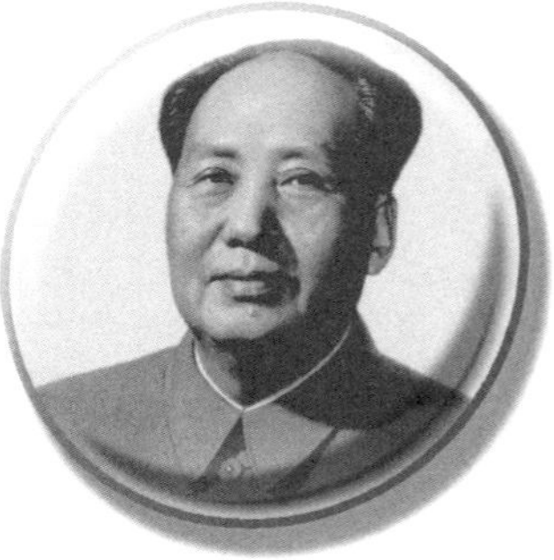

LA LONGUE MARCHE

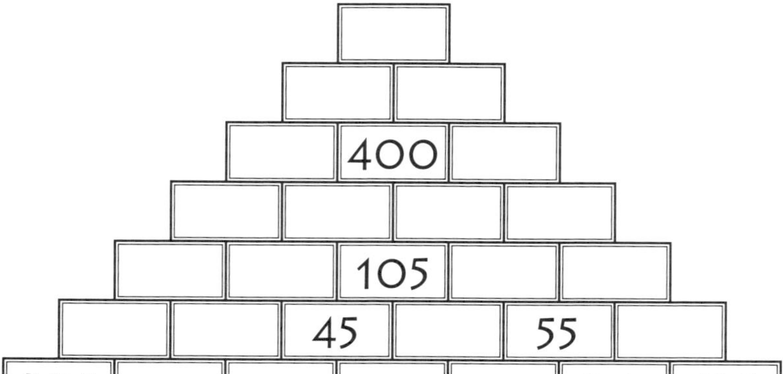

Retrouve sur la plus haute marche l'année de «La Longue Marche» (quand Mao Zedong fit retraite avec ses hommes à travers la Chine).

Pour trouver la bonne date, **indique dans chaque case le nombre égal à la somme des nombres des 2 cases situées juste au-dessous**. A l'aide d'additions et de soustractions tu peux remplir toutes les marches et arriver au sommet.

BAS LES MASQUES

Regarde bien ces masques
et trouve les 2 masques parfaitement identiques

☐ ☐

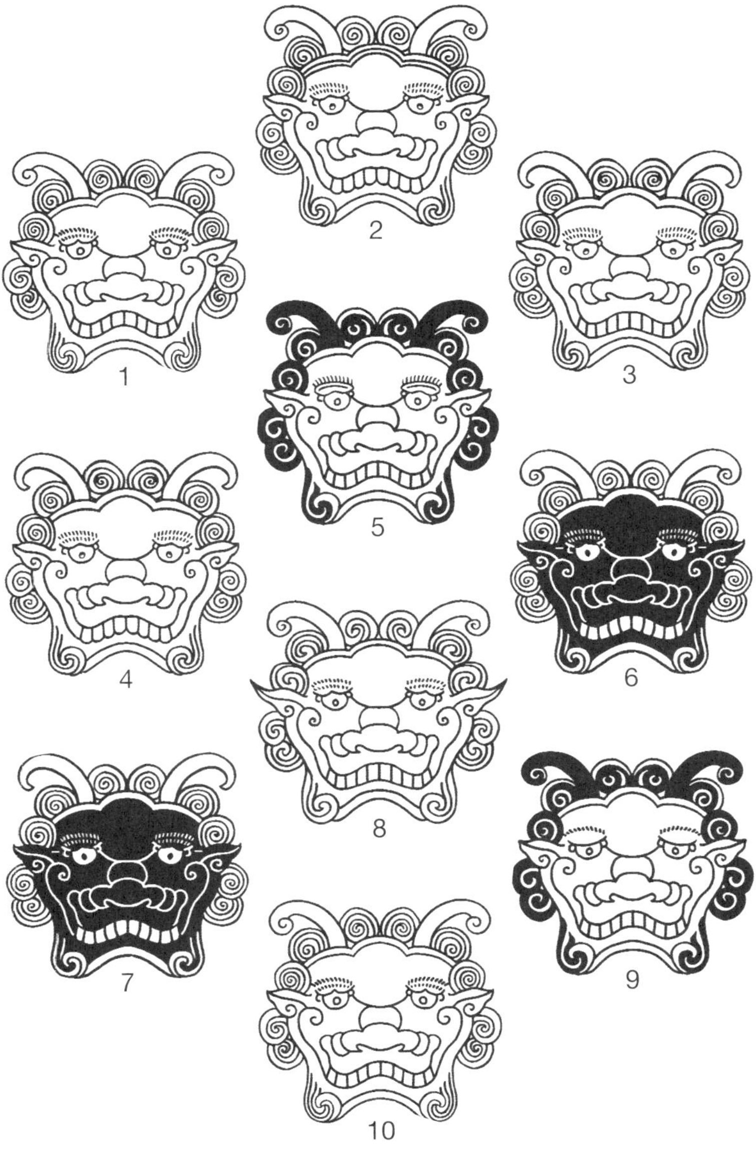

TANGRAM

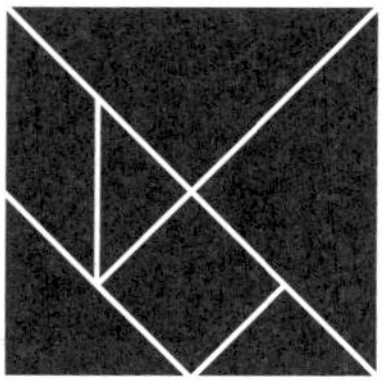

Le TANGRAM ou «**jeu aux sept astuces**» pour les Chinois, est un puzzle de sept pièces découpées dans un carré.
Avec ces sept formes tu réaliseras toutes sortes de figures géométriques, des silhouettes de personnages, d'animaux ou d'objets. Tu pourras aussi en inventer beaucoup d'autres.

Commence par fabriquer ton TANGRAM (voir page suivante) puis réalise les figures proposées sur cette page et les suivantes.
Chaque figure est toujours composée avec les sept pièces du jeu.

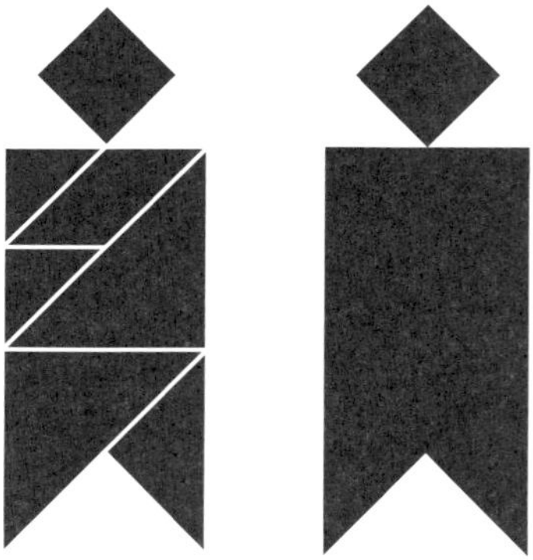

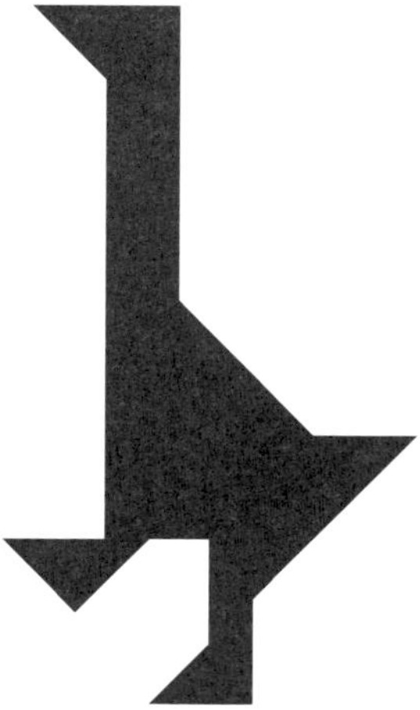

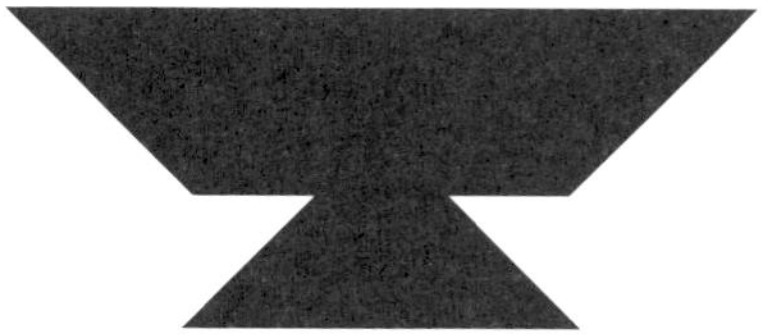

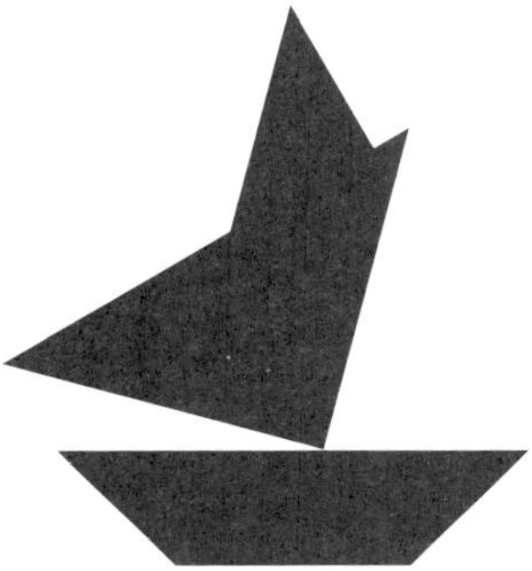

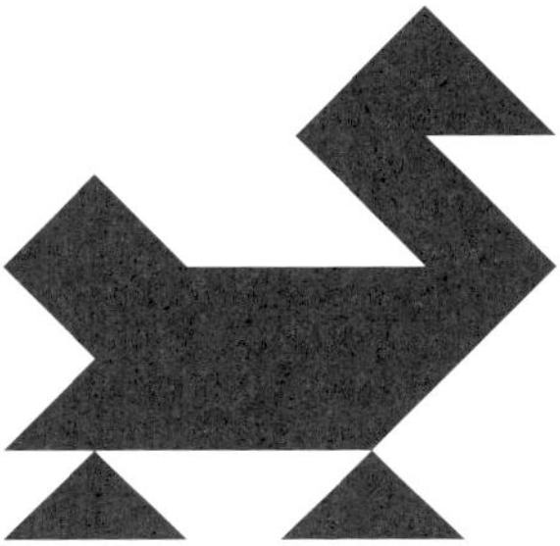

Pour fabriquer ton TANGRAM

Découpe le grand carré en suivant les pointillés, puis découpe les sept pièces en suivant précisément les traits blancs. Ton TANGRAM est prêt. Pour le conserver tu peux coller les pièces sur du carton noir.

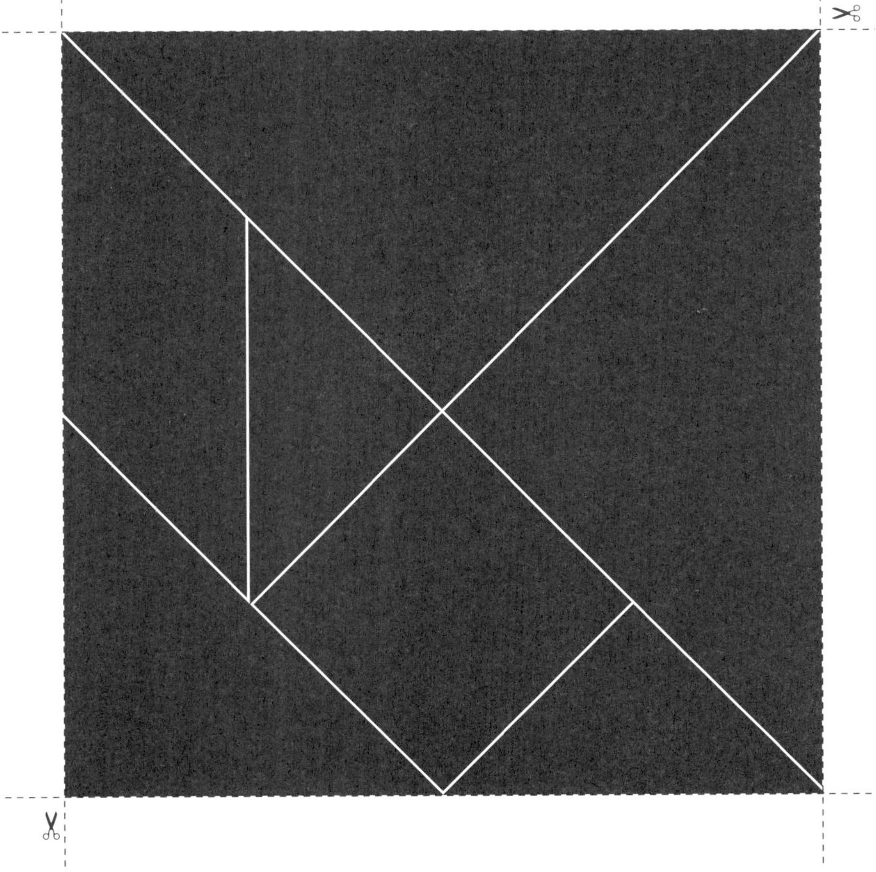

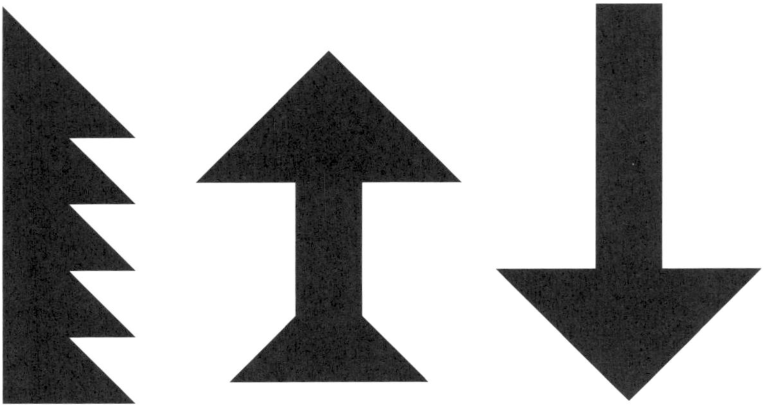

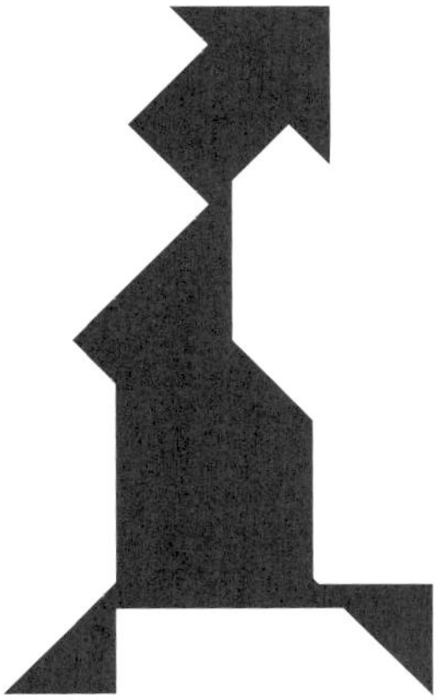
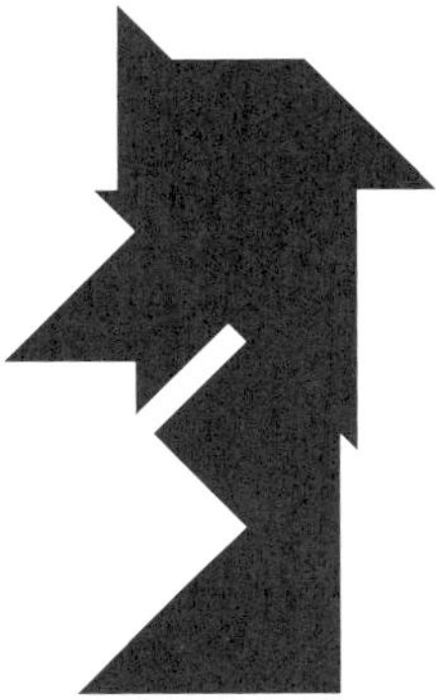
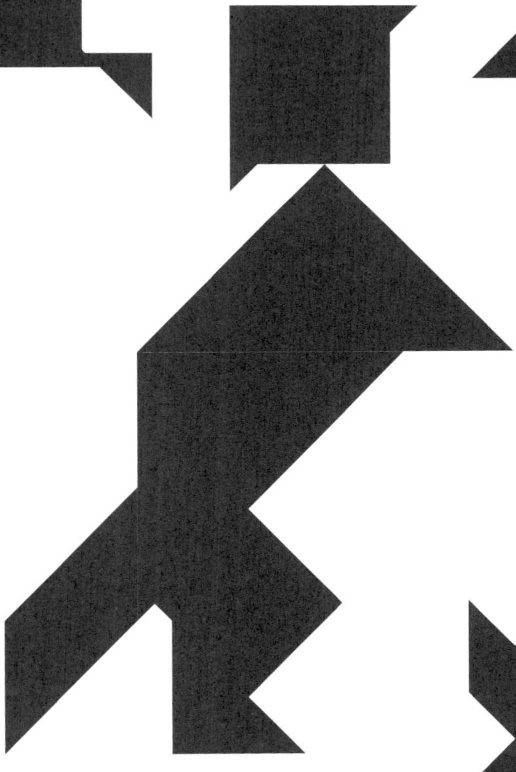

LE GRAND PARAVENT

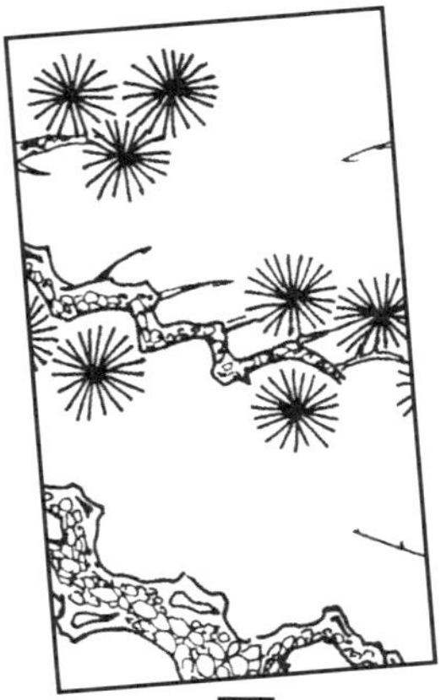

A

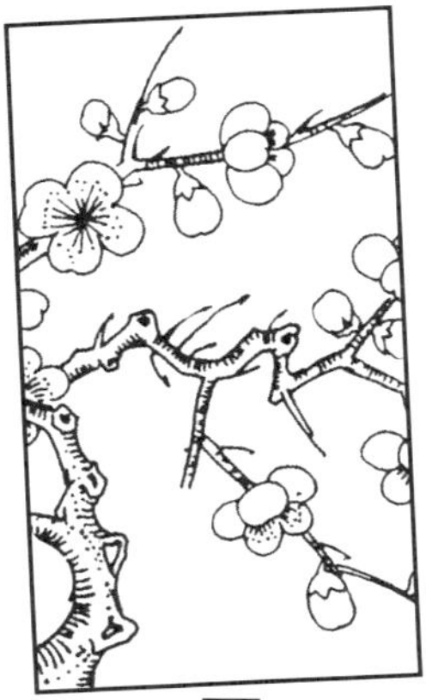

B

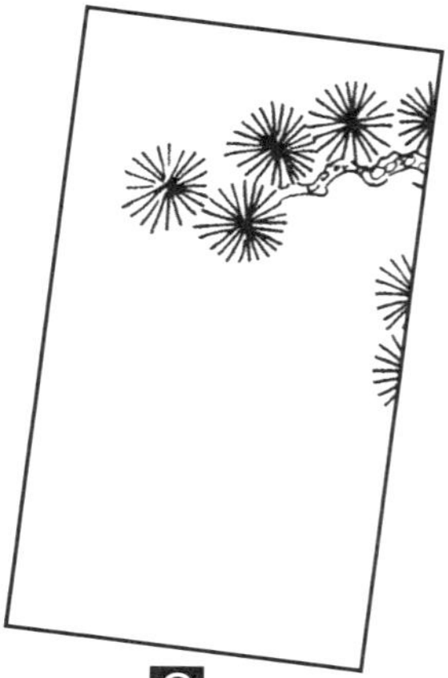

C

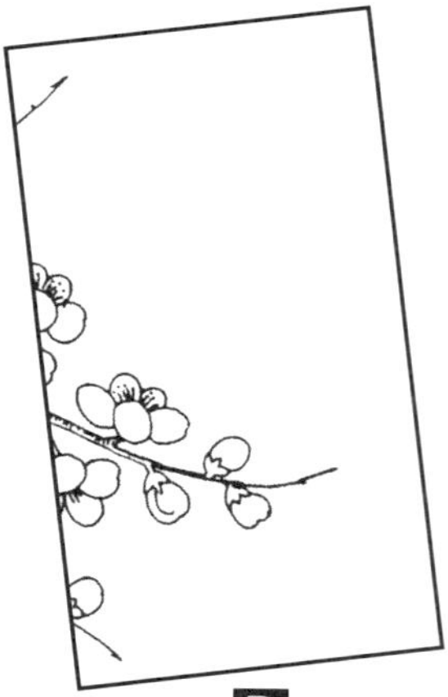

D

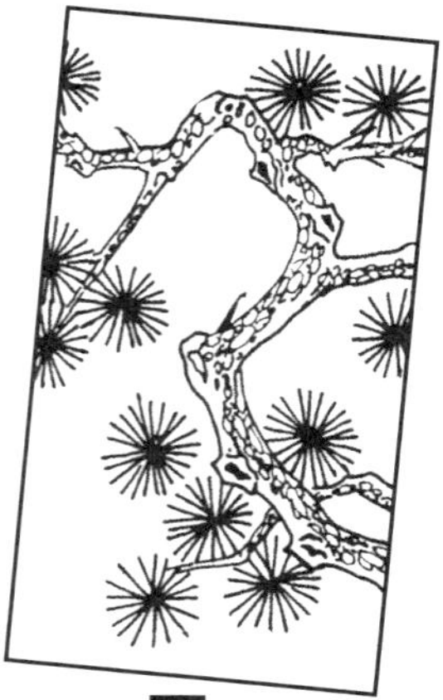

E

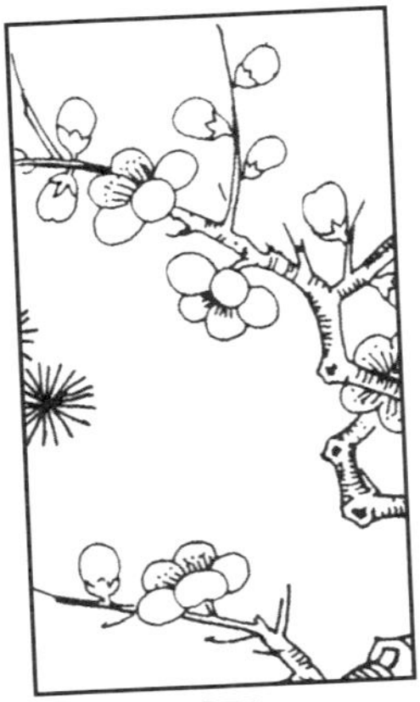

F

L'artiste vient de terminer le dessin des six panneaux du paravent.
Pour le monter tu dois l'aider à les remettre dans le bon ordre.

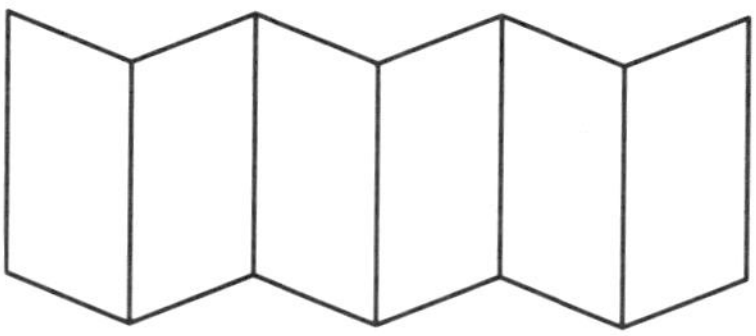

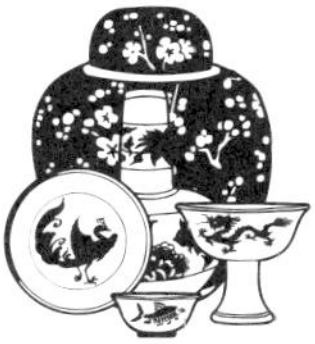

LE PRIX DE LA PORCELAINE

Donne à chaque objet (en bas de la page) **sa valeur.**

Pour cela, tu dois commencer par trouver la valeur de l'assiette et du bol en t'aidant des opérations ci-contre, puis résoudre les quatre autres opérations.

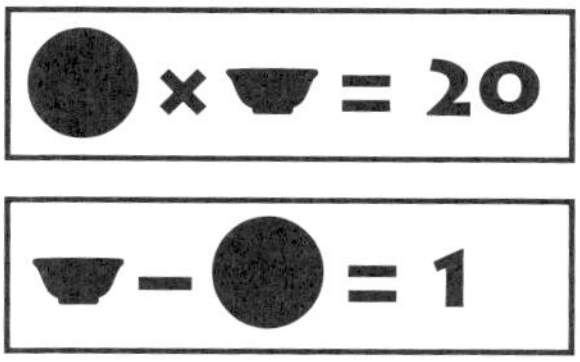

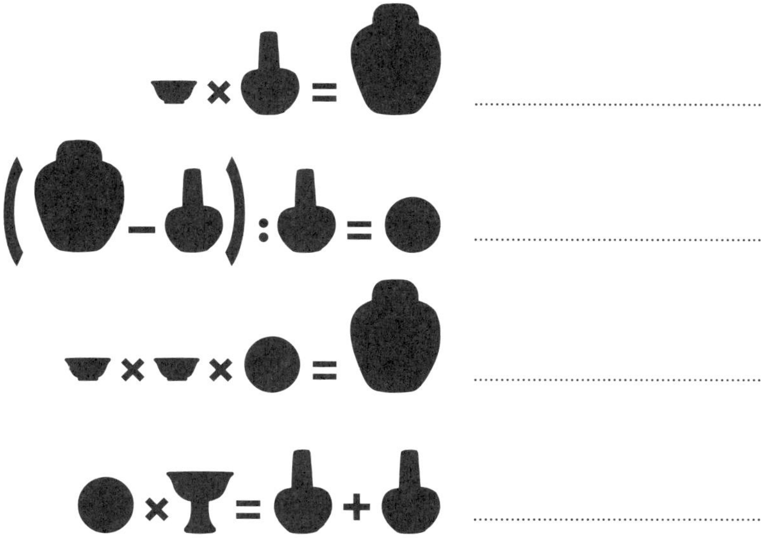

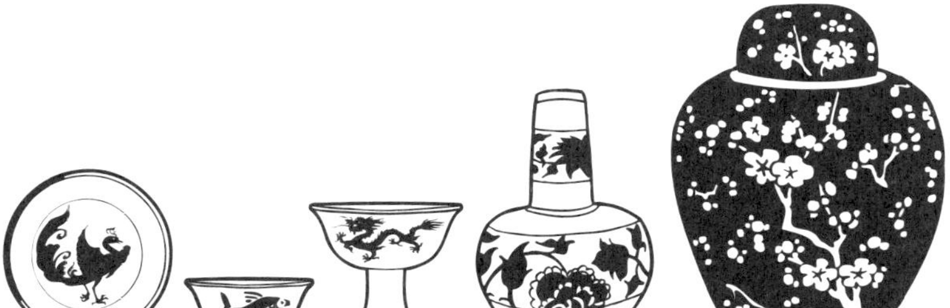

....

LE BASSIN AUX POISSONS

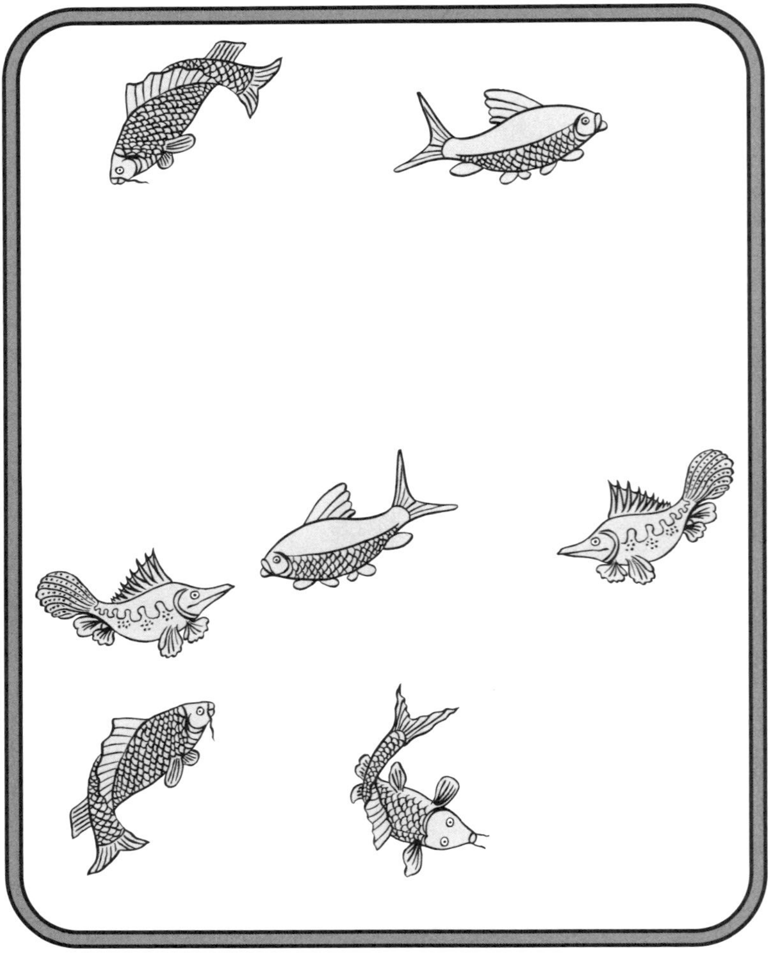

Il y a sept poissons dans le bassin,
en traçant **trois lignes droites** sépare-le en **sept parties**
pour que chaque poisson soit isolé.

Un jour l'empereur, en promenade le long du fleuve,
vit sur la carapace d'une tortue des carrés et des signes.
En rentrant au palais il créa le premier «carré magique».

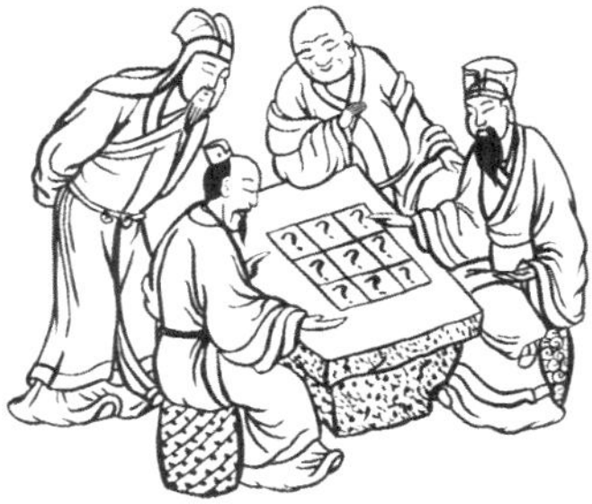

LE CARRÉ DE L'EMPEREUR

	5	

Avec les chiffres **1, 2, 3, 4, 5, 6, 7, 8, 9**
remplis les cases pour que **le total de chaque colonne, de chaque ligne et de chaque diagonale soit égal à 15**.

Le **5** est déjà en place et chaque chiffre ne peut être utilisé qu'une seule fois (il existe plusieurs réponses possibles).

GRILLE EN IMAGES

Trouve les noms des dessins de la page de droite
et reporte-les sur la grille ci-dessous

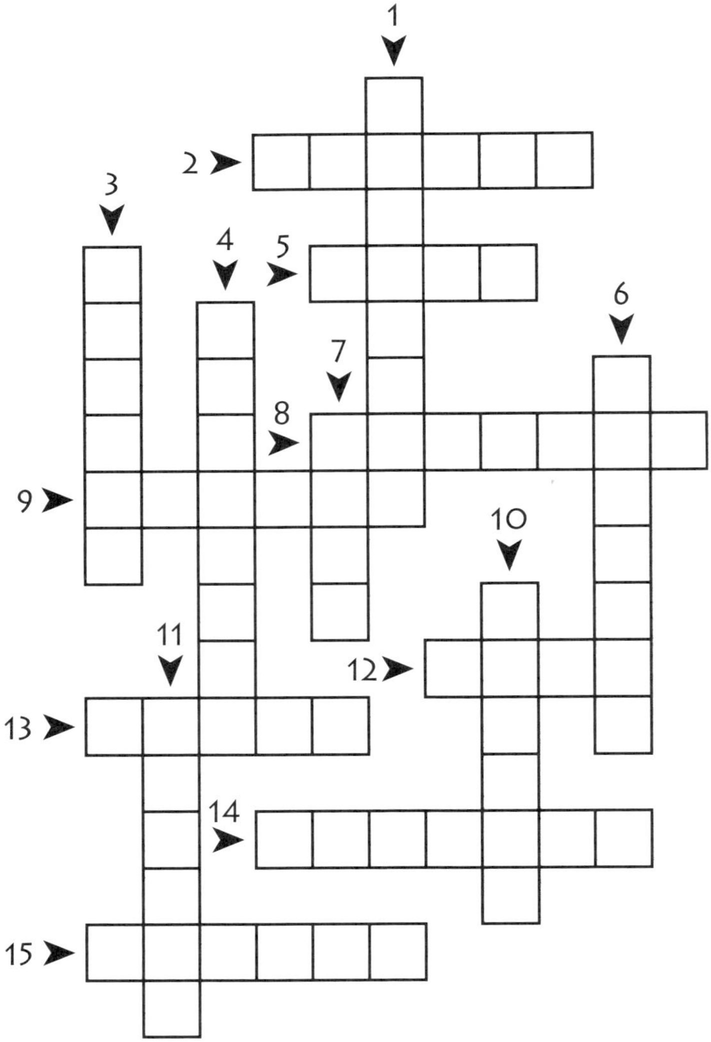

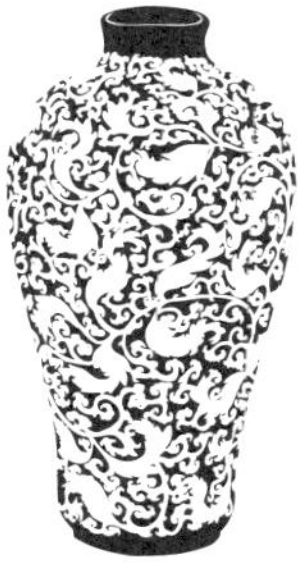

12

7

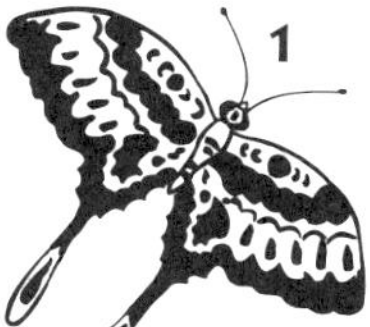

1

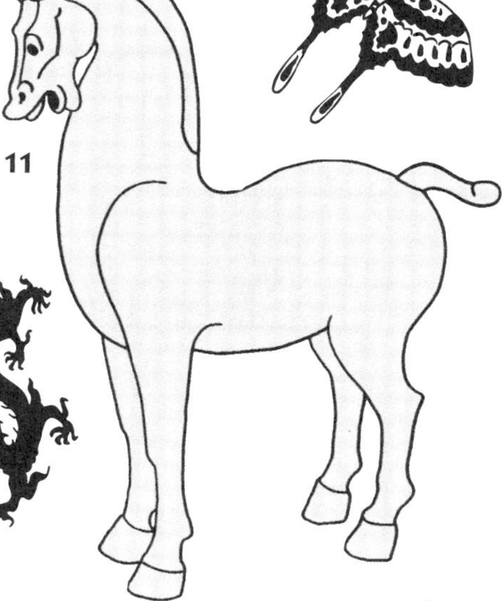

11

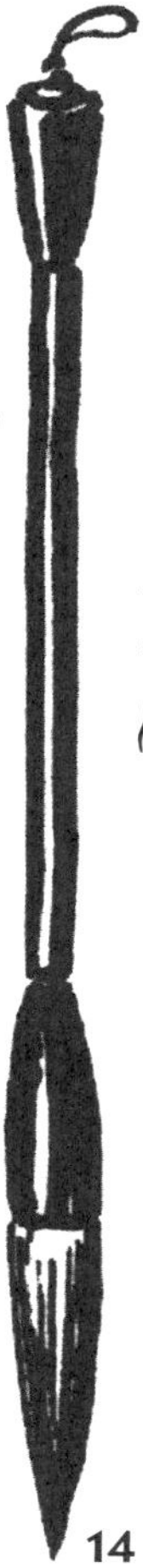

14

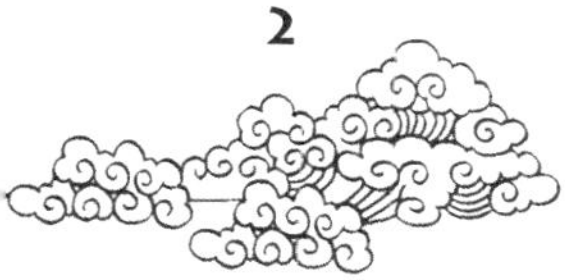

2

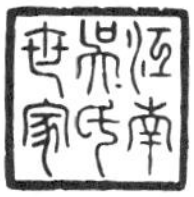

13

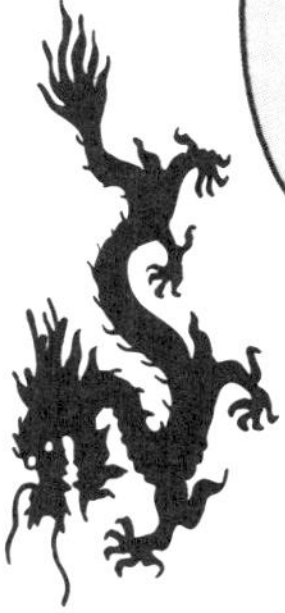

9

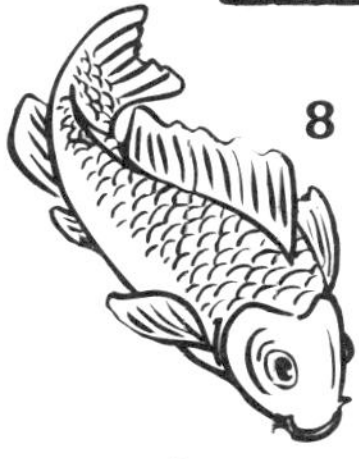

8

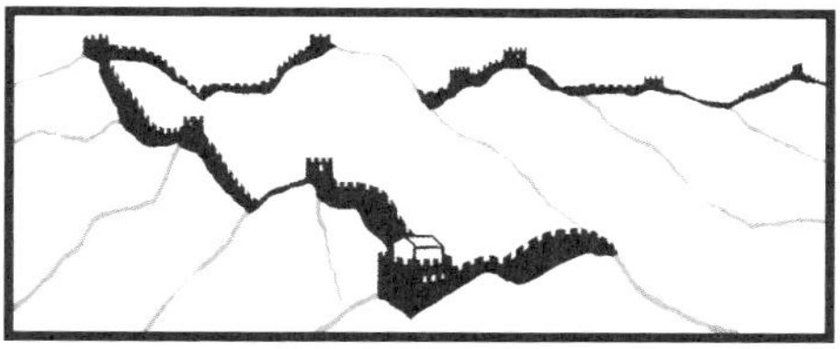

4

15

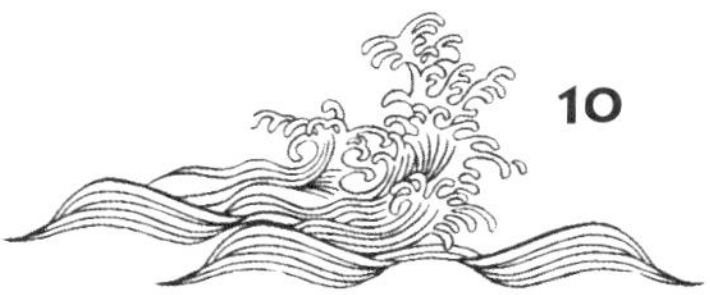

10

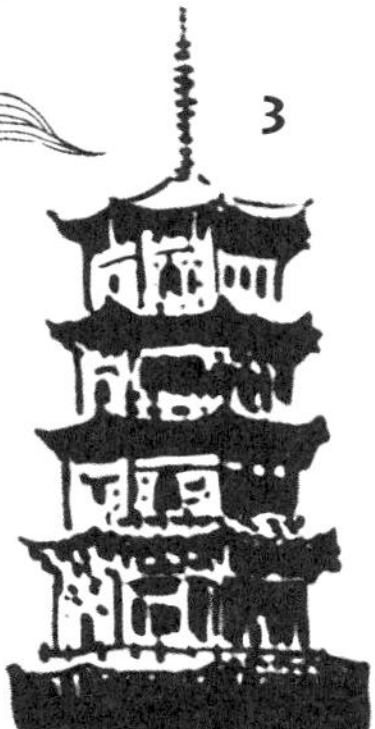

3

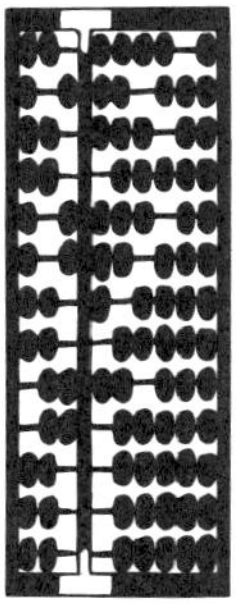

6

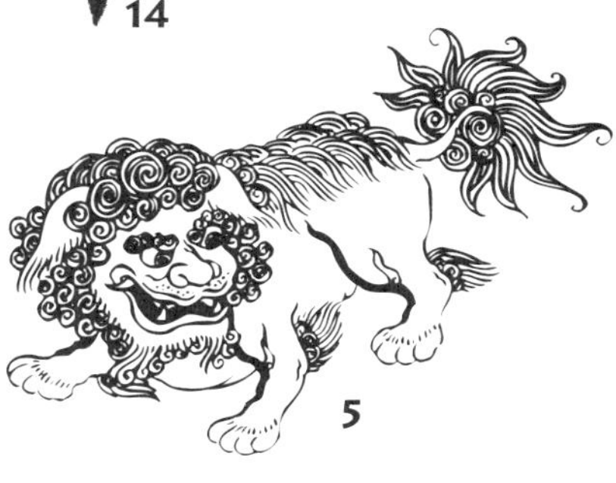

5

CHASSE L'INTRUS

Trouve pour chaque proposition
le nom qui n'est pas à sa place

DYNASTIES

TANG
GONG
SONG
MING

FLEUVES

JAUNE
ORANGE
BLEU
ROUGE

VILLES

PÉKIN
SHANGHAI
SAÏGON
HONGKONG

FLEURS DES SAISONS

PIVOINE
LOTUS
CHRYSANTHÈME
PERCE-NEIGE

JEUX

CERF-VOLANT
GO
ECHECS
TRICTRAC

ANIMAUX FABULEUX

TRICÉRATOPS
DRAGON
LICORNE
PHÉNIX

INVENTIONS

POUDRE À CANON
TRANSISTOR
BOUSSOLE
IMPRIMERIE

PAYS LIMITROPHES

INDE
RUSSIE
AUSTRALIE
PAKISTAN

PARFUM DE CHINE

Relie les points de 1 à 80

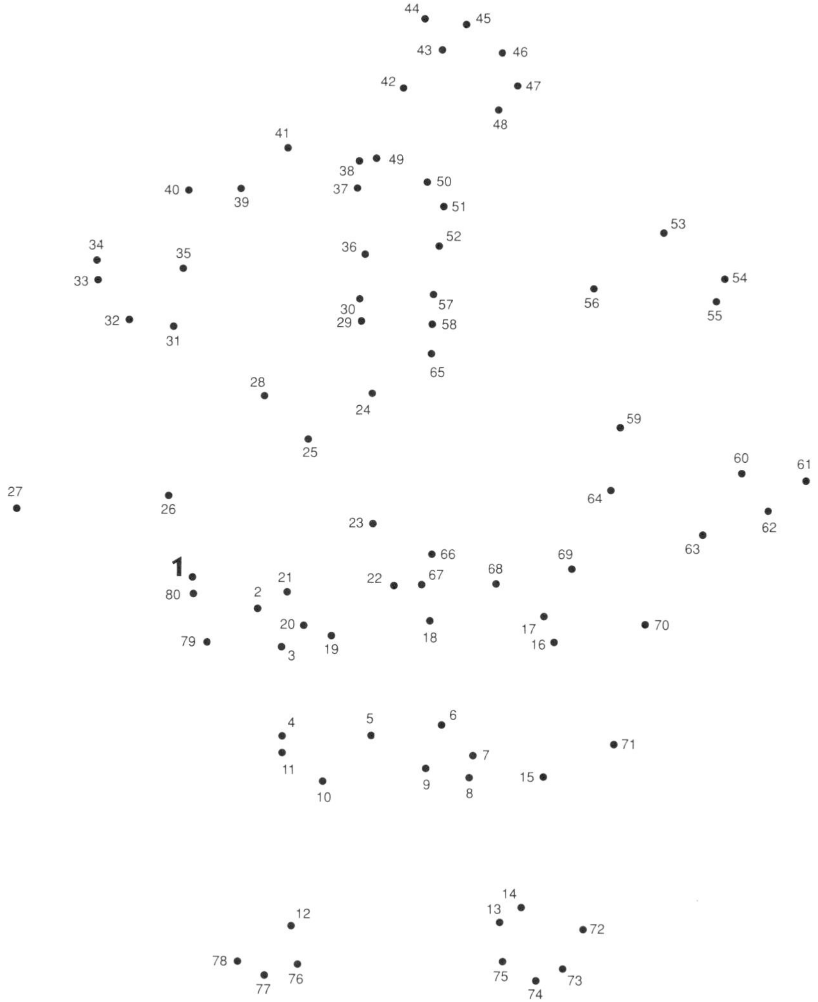

Tu viens de dessiner un caractère chinois, il veut dire «sentir bon».
Pour terminer remplis le dessin de couleur.
Regarde bien tu peux voir un plante dans son pot.

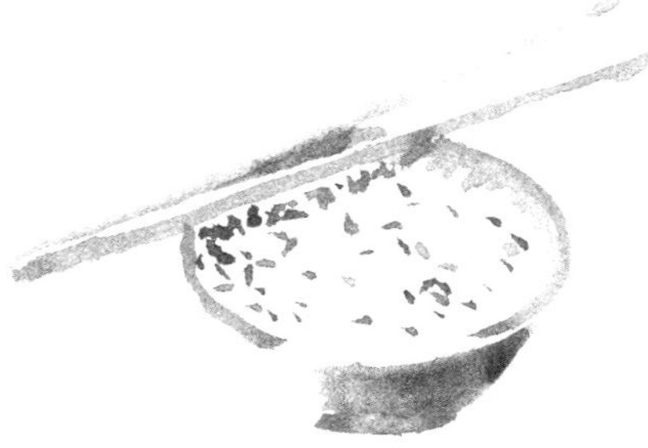

LE RIZ DE MADAME WANG

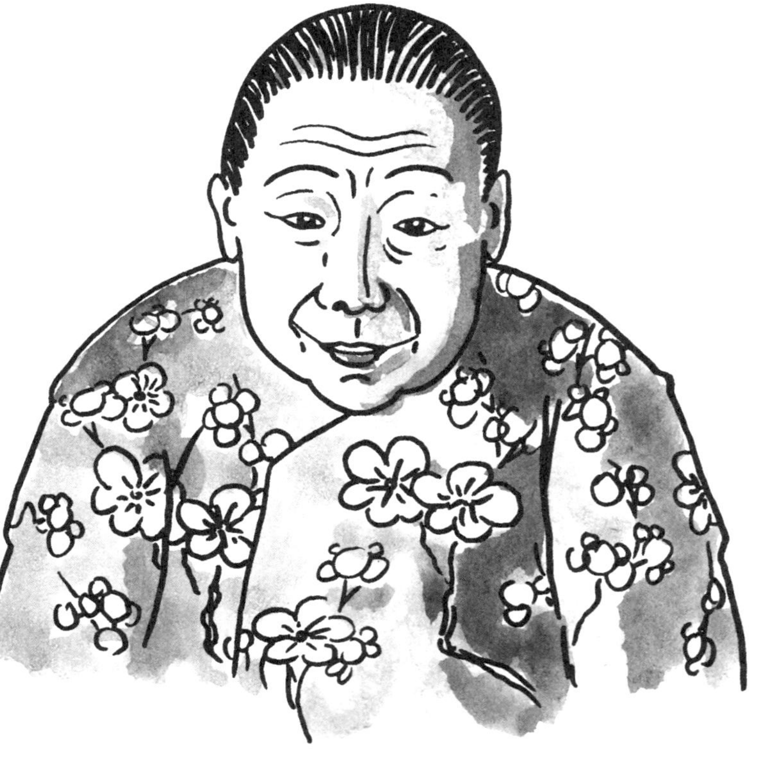

RECETTE DU RIZ CANTONAIS
DE MADAME WANG

En Chine, le riz cantonais est un plat traditionnel, on le prépare avec du riz cuit à l'avance ou avec des restes de la veille.

Pour 4 personnes
Temps :
préparation 15 minutes,
cuisson 20 minutes
Matériel :
1 poêle anti adhésive,
1 cuillère de bois, 1 fouet.
Ingrédients :
1 grand bol de riz cuit la veille et mis au réfrigérateur
1 tranche épaisse de jambon,
2 œufs, 1 oignon (moyen),
1 carotte, 4 cuillères à soupe de petits pois surgelés (ils resteront plus verts), 4 cuillères à soupe d'huile, du sel et du poivre.

Préparation :
– épluche l'oignon et la carotte, coupe-les en petits dés (d'environ 1/2 cm) et garde les dans une assiette.
– sort les petits pois surgelés
– coupe la tranche de jambon en petits dés
– bats légèrement les 2 œufs dans un bol, ajoute du sel et du poivre.

Cuisson
(important, ne pas nettoyer la poêle entre chaque préparation) :
– fais chauffer la poêle avec un peu d'huile, mets les œufs battus et cuis à feu doux. Quand l'omelette est bien cuite, retire-la du feu et coupe-la en fines lamelles dans une assiette.
– dans la même poêle, verse un peu d'huile, quand elle est chaude mets les oignons coupés. Ils doivent devenir transparents et fondants mais ne doivent pas griller. Ajoute la carotte, les petits pois et un fond de verre d'eau. Laisse cuire à feu moyen 7 à 10 minutes en remuant régulièrement avec la cuillère de bois (les légumes doivent rester croquants). Mets ensuite le jambon et mélange le tout. Retire du feu.
– Fais chauffer le reste d'huile dans la poêle puis verse le riz. Fais attention il ne doit pas coller. Quand il est bien chaud mélange dans la poêle les légumes, le jambon et les morceaux d'omelette avec le riz. Goûte, si nécessaire ajoute du sel et du poivre. Garde au chaud jusqu'au moment du repas.

Mets le riz dans un plat et sers le bien chaud, n'oublie pas les baguettes pour manger et la sauce de soja que chacun ajoutera en fonction de son goût.
Bon appétit !

1. Place la première baguette dans le creux de ton pouce et contre le bout de l'annulaire.

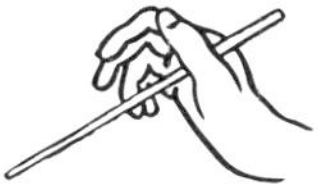

2. Mets la seconde baguette entre les bouts de l'index et du majeur. Le pouce la tient en place.

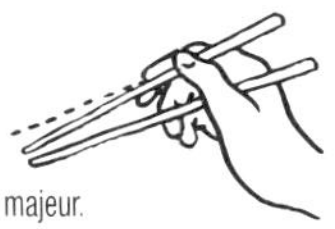

3. Pour saisir rapproche la seconde baguette de la première avec l'index et le majeur, le pouce sert de charnière. Les extrémités des baguettes arrivent à la même hauteur. Tiens les fermement mais sans te crisper.

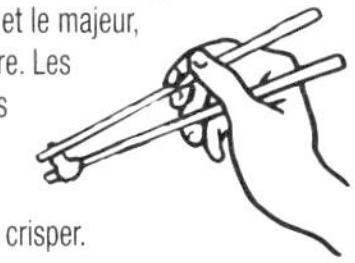

LE BON COMPTE

Le **boulier** ou **suanpan** est toujours utilisé en Chine. Cette machine à calculer, connue dès le XIIe siècle, permet toutes les opérations.

Le boulier est constitué de plusieurs rangées de boules dans un cadre en bois, séparées par une baguette centrale. Le boulier se tient à plat devant soi, l'inscription des nombres se fait en **déplaçant les boules vers la baguette centrale**.

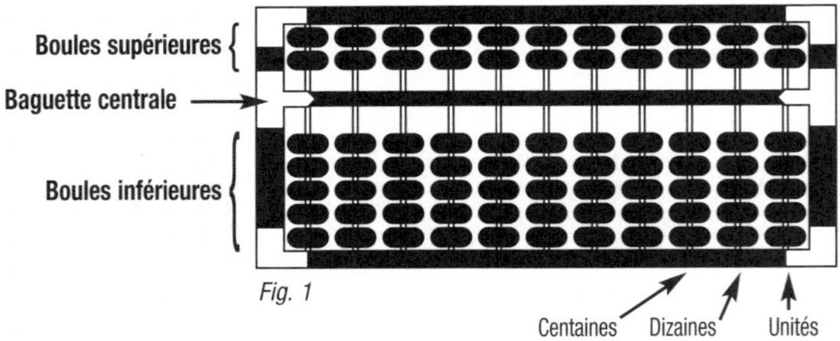

Fig. 1

Dans chaque rangée verticale :
– **chaque boule inférieure vaut un**
– **chaque boule supérieure vaut cinq**
La première rangée en partant de la droite est la rangée des **unités**,
la deuxième celle des **dizaines**,
la troisième celle des **centaines**, etc.
Donc dans chaque rangée :
les 5 boules inférieures = 1 boule supérieure
les 2 boules supérieures = 1 boule inférieure de la rangée **située à gauche**.
Avant de commencer à compter, toutes les boules doivent être rangées comme le montre la *fig.1*.

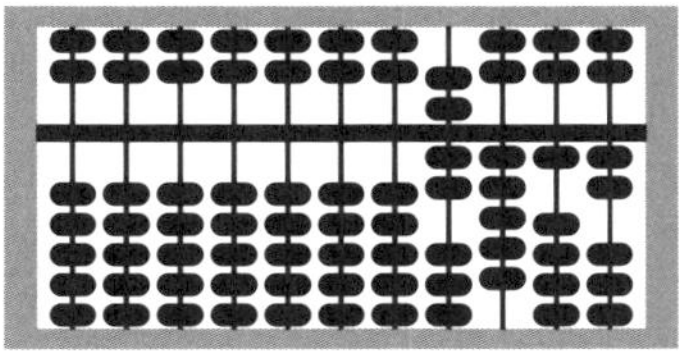

Fig. 2 12 5 1 2

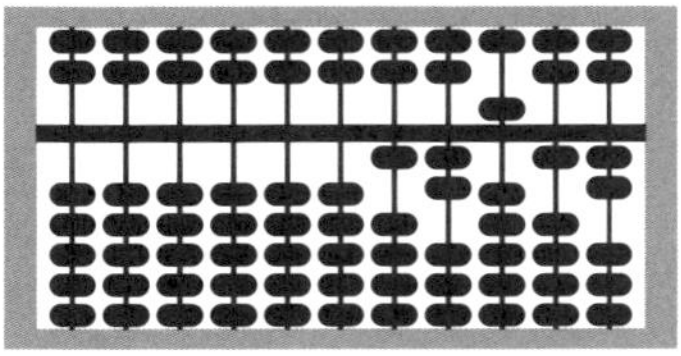

Fig. 3 1 2 5 1 2

Sur ces 2 bouliers, tu peux lire le même nombre : **12 512**, mais l'inscription du boulier de la *fig. 3* est plus facile à lire. Pour simplifier, tu dois réduire au minimum le nombre de boules à déplacer.

Maintenant que tu as compris le déplacement des boules, à toi de compter.

1 • Inscris sur le boulier de droite le nombre 13 975 en le simplifiant

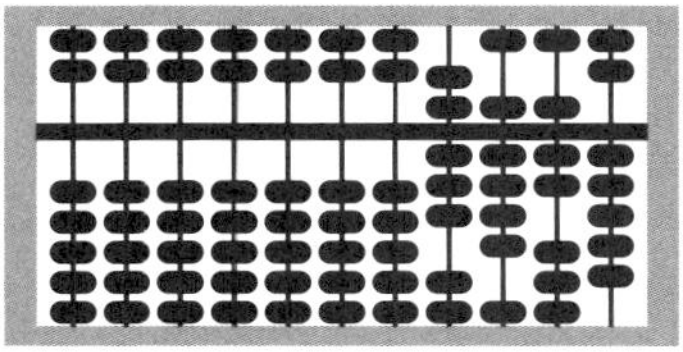

13 9 7 5

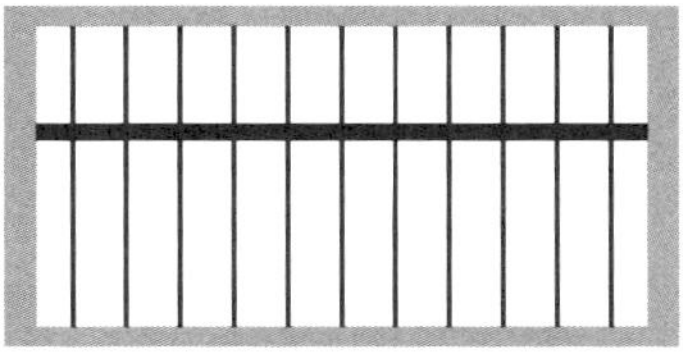

Dessine les boules à leur place

2 • Sous chaque boulier, écris le nombre que tu lis

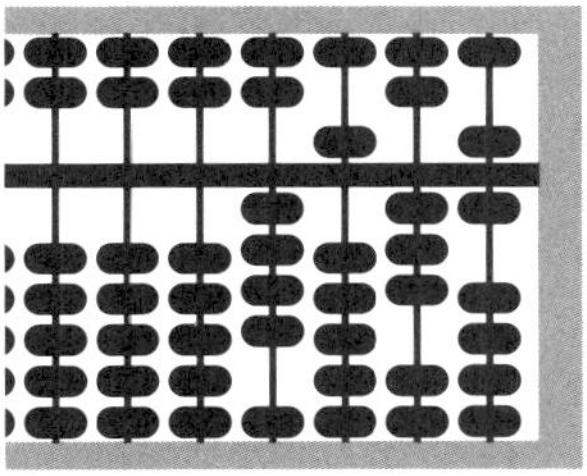

....

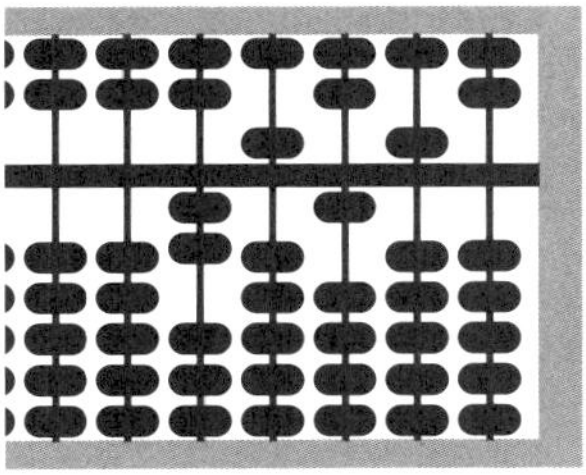

....

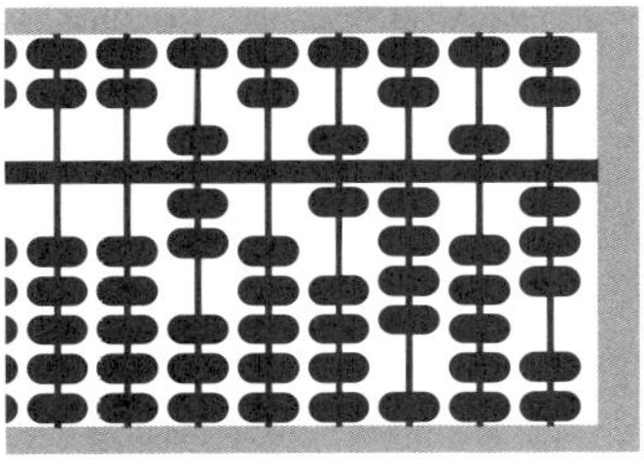

....

3 • Place sur chaque boulier les boules pour inscrire le nombre indiqué

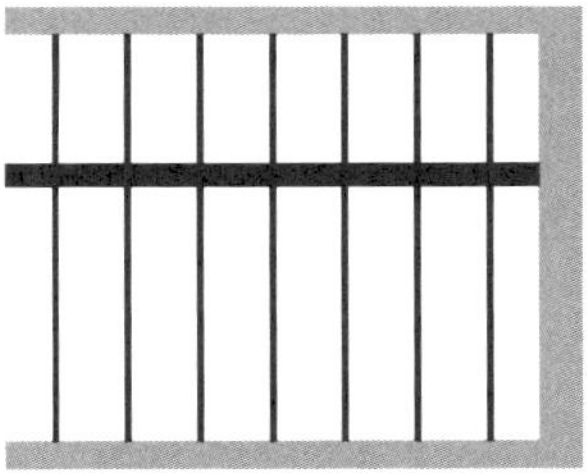

1 9 8 2

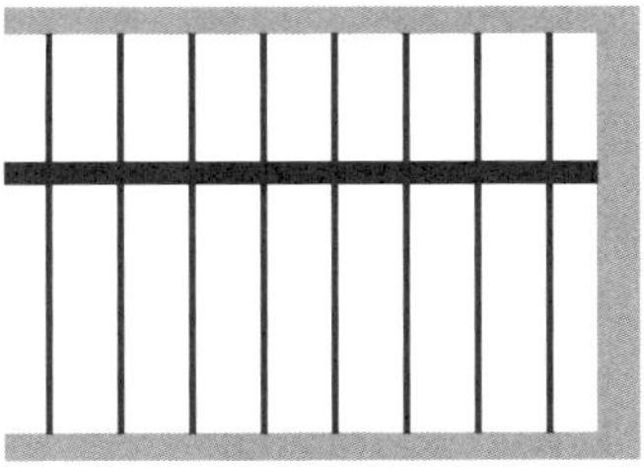

4 2 5 2 8

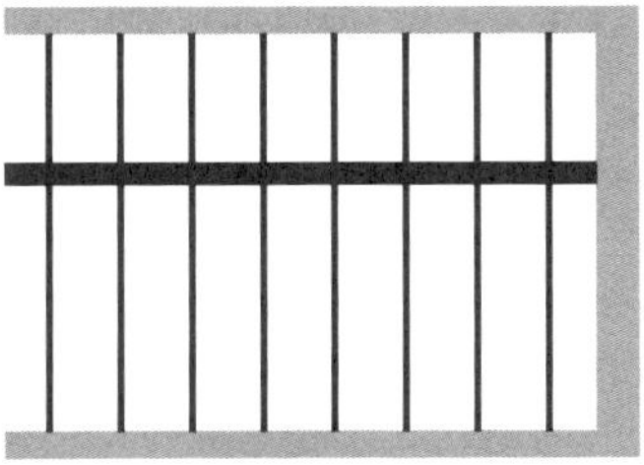

2 5 8 6 9 5

L'OMBRE DU DRAGON

Le dragon rigole car il se demande
si tu sauras retrouver son ombre.

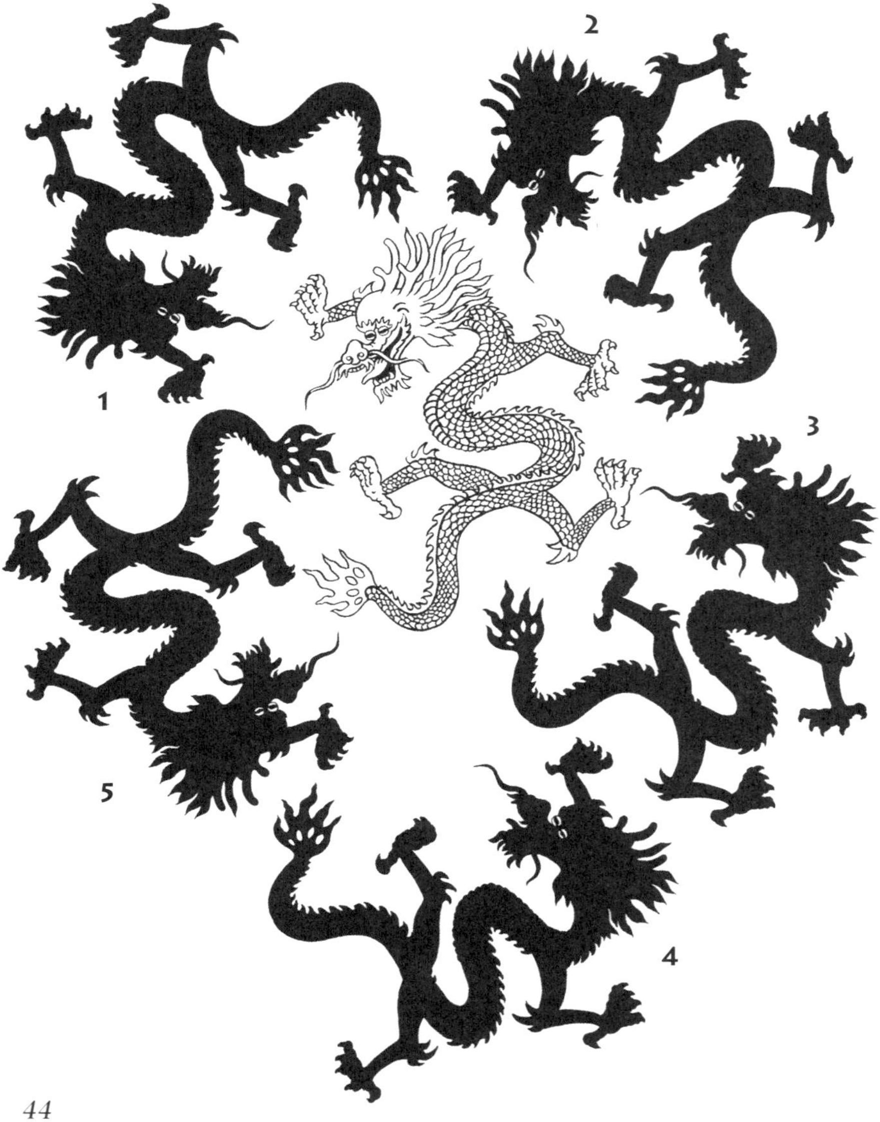

LA PORTE DE LA CITÉ INTERDITE

Pour pénétrer dans la Cité interdite
tu dois d'abord aller au centre de la porte pour prendre la clé.
Pars de la ➤➝, et choisis le bon parcours.
Tu peux aller dans tous les sens, si le passage est ouvert,
mais tu ne peux pas passer deux fois au même endroit.

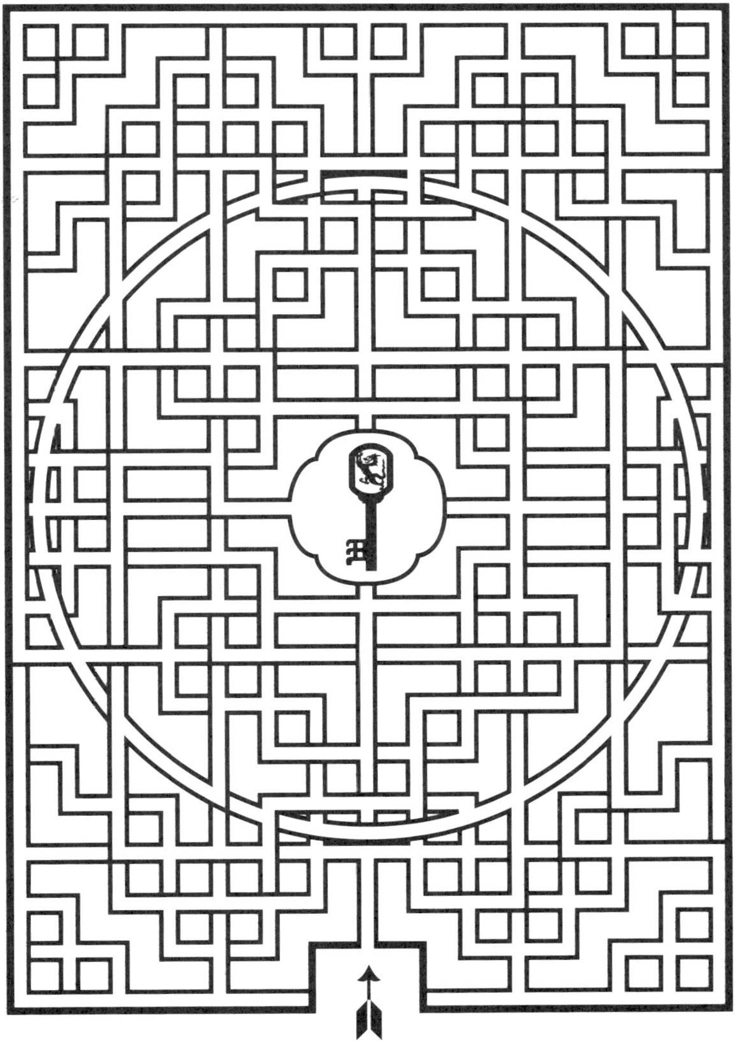

DÉCHIFFRE LE CHINOIS

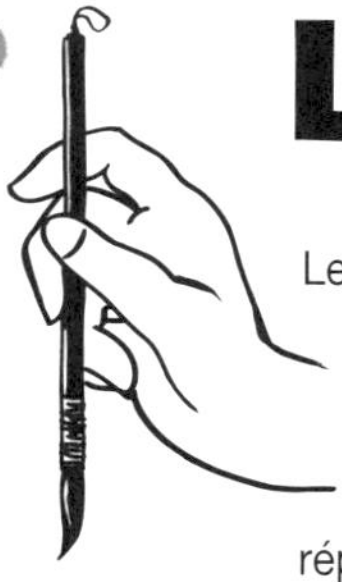

Le chinois est une langue en usage depuis 6 000 ans. Les premiers caractères datent d'environ 1 500 ans avant notre ère, ils étaient gravés sur des os, dans la pierre puis dans le bronze. L'invention du pinceau, de l'encre et du papier a donné naissance à la calligraphie. Aujourd'hui on répertorie plus de 40 000 caractères différents.

Les premiers caractères étaient des pictogrammes, ils représentaient de façon stylisée une image. Avec le temps leur dessin a évolué mais certains gardent encore leur lisibilité. Par exemple ci-contre : **OREILLE**

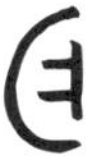

Pictogramme ancien

耳

Caractère d'aujourd'hui

Voici douze pictogrammes anciens, retrouve-les dans la liste et indique sous chaque caractère ce qu'il représente.

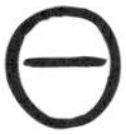  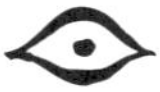 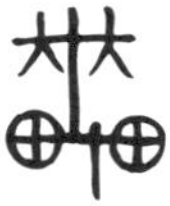

....

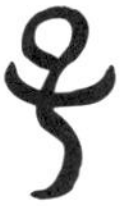 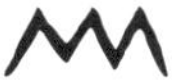  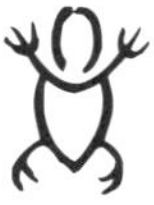

....

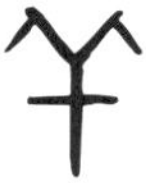 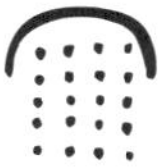 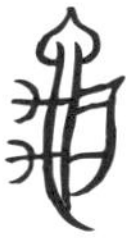 

....

CHARIOT • CRAPAUD • ENFANT • GRIFFES HOMME • MONTAGNE • MOUTON • ŒIL • PLUIE RUISSEAU • SOLEIL • TORTUE

Les douze caractères que tu as déchiffés ont évolué.
Tu as sur cette page leur calligraphie. En regardant bien,
**essaie de retrouver leur sens et inscrit leur nom
à côté de la prononciation chinoise.**

黽	羊	車
min	*yang*	*ché* ....
巛	山	目
chuan	*shan*	*mù* ....
子	人	雨
zi	*rén*	*yu* ....
日	爪	龜
ri	*zhao*	*gui* ....

INVENTIONS & DÉCOUVERTES

Durant des siècles les Chinois ont découvert et mis au point des inventions dans tous les domaines de la vie quotidienne, des arts et de la science. L'Occident a parfois mis plusieurs siècles pour «redécouvrir» et utiliser ces inventions.

Par exemple : la **poudre à canon [1]** connue en Chine dès le IXe siècle, elle ne fit son apparition en Occident qu'à la fin du XIIe. A cette époque les Chinois ont déjà inventé le canon et le fusil.

Voici 11 autres inventions. Elles se situent sur plus de 2 000 ans d'histoire et vont du XIVe siècle avant J.-C., au Xe siècle de notre ère (bien sur ces dates sont approximatives).

Sur la page de droite relie chaque invention à son époque en suivant les indications données ci-contre.
Chaque étoile sur l'échelle correspond à une invention et indique le siècle à trouver.

- **Les allumettes [2]**, furent découvertes 3 siècles avant la poudre.
- **L'arbalète [3]**, lançait des projectiles 4 siècles avant notre ère.
- **La boussole [4]**, venait en aide aux marins 3 siècles après le papier.
- **La brouette [5]**, roulait déjà quand le Christ est né.
- **Le cerf-volant [6]**, vola 900 ans après la découverte du système décimal.
- **L'étrier [7]**, fut inventé à la même époque que le moulinet.
- **L'imprimerie [8]** et les caractères mobiles datent d'un peu plus de 1 000 ans.
- **Le moulinet [9]** est découvert après la boussole mais avant le parapluie.
- **Le papier [10]**, était fabriqué 11 siècles avant la découverte de l'imprimerie.
- **Le parapluie [11]**, existait avant les allumettes.
- **Le système décimal [12]**, était connu des chinois il y a plus de 3 000 ans.

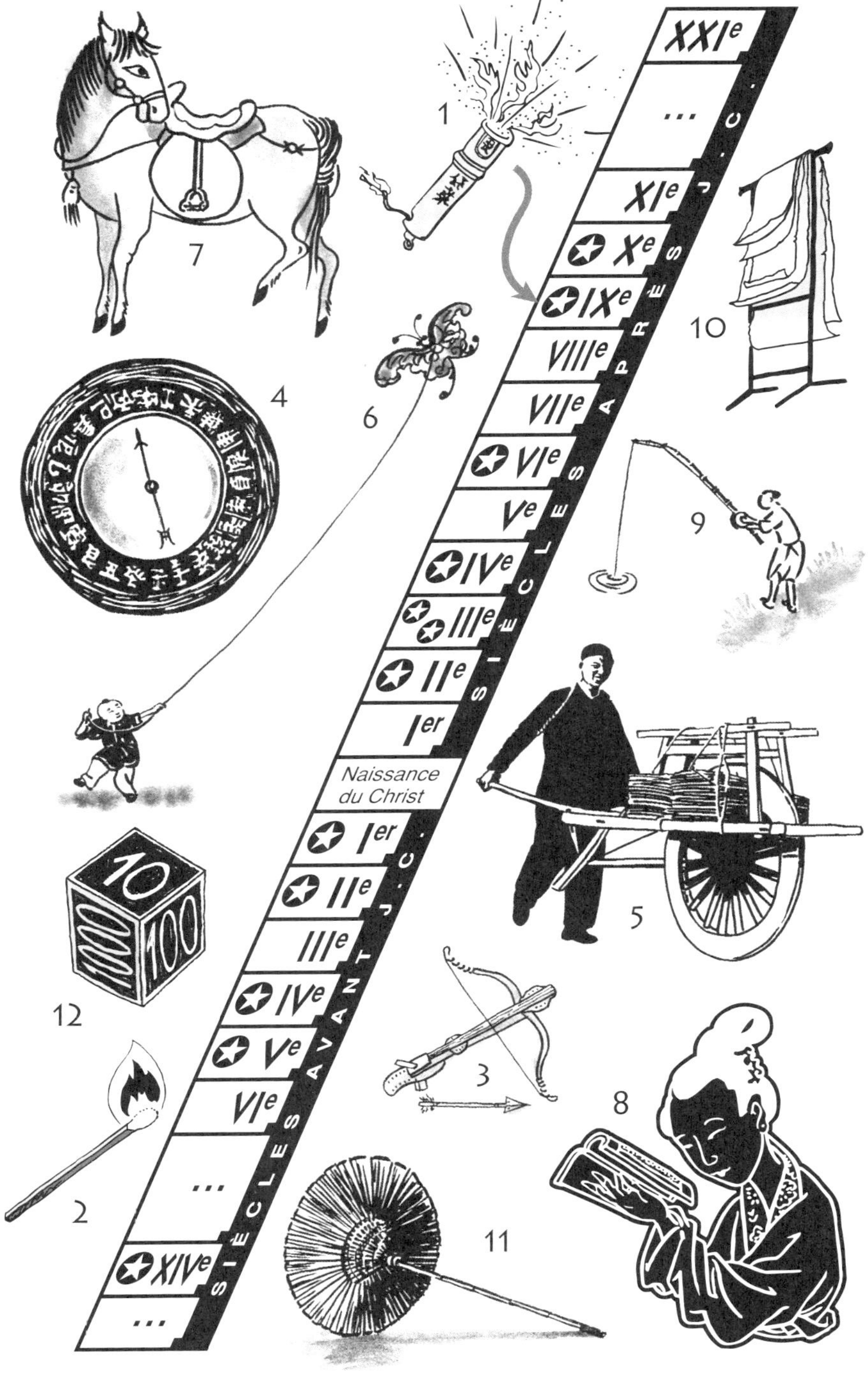

XXIe
...
XIe
Xe
IXe
VIIIe
VIIe
VIe
Ve
IVe
IIIe
IIe
Ier
Naissance du Christ
Ier
IIe
IIIe
IVe
Ve
VIe
...
XIVe
...
SIÈCLES APRÈS J.-C.
SIÈCLES AVANT J.-C.
1
2
3
4
5
6
7
8
9
10
11
12
10
100
1000

COULEURS DANS LE CIEL

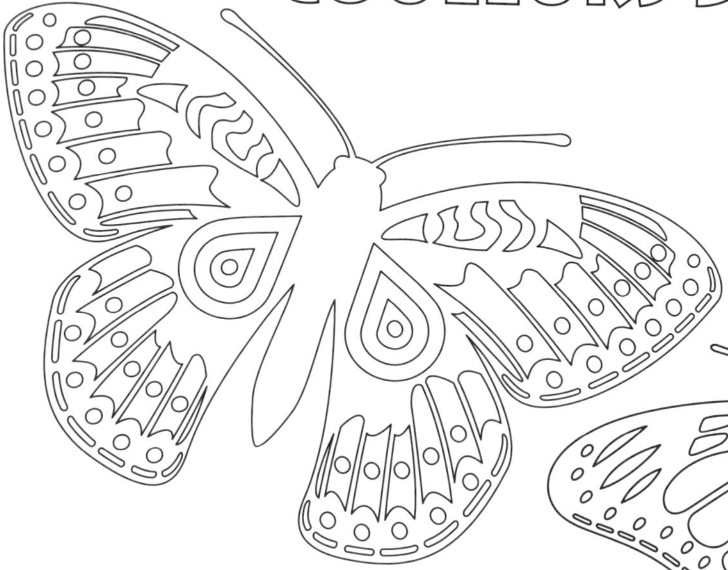

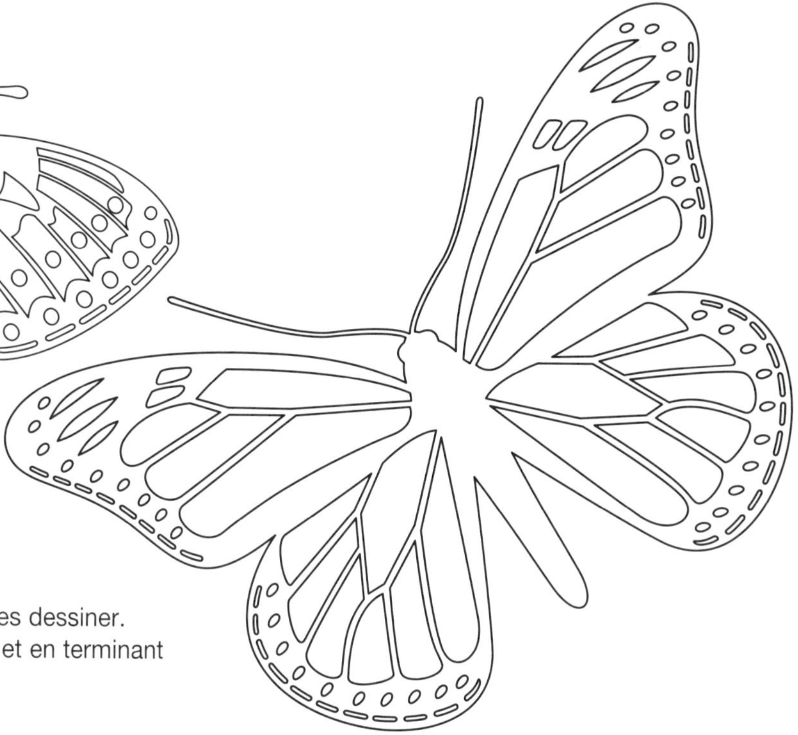

Le jeune San Mao veut construire un cerf-volant.
Il regarde les papillons dans le ciel et essaie de les dessiner.
Viens à son aide en coloriant ces deux papillons et en terminant le dessin sur l'autre page.

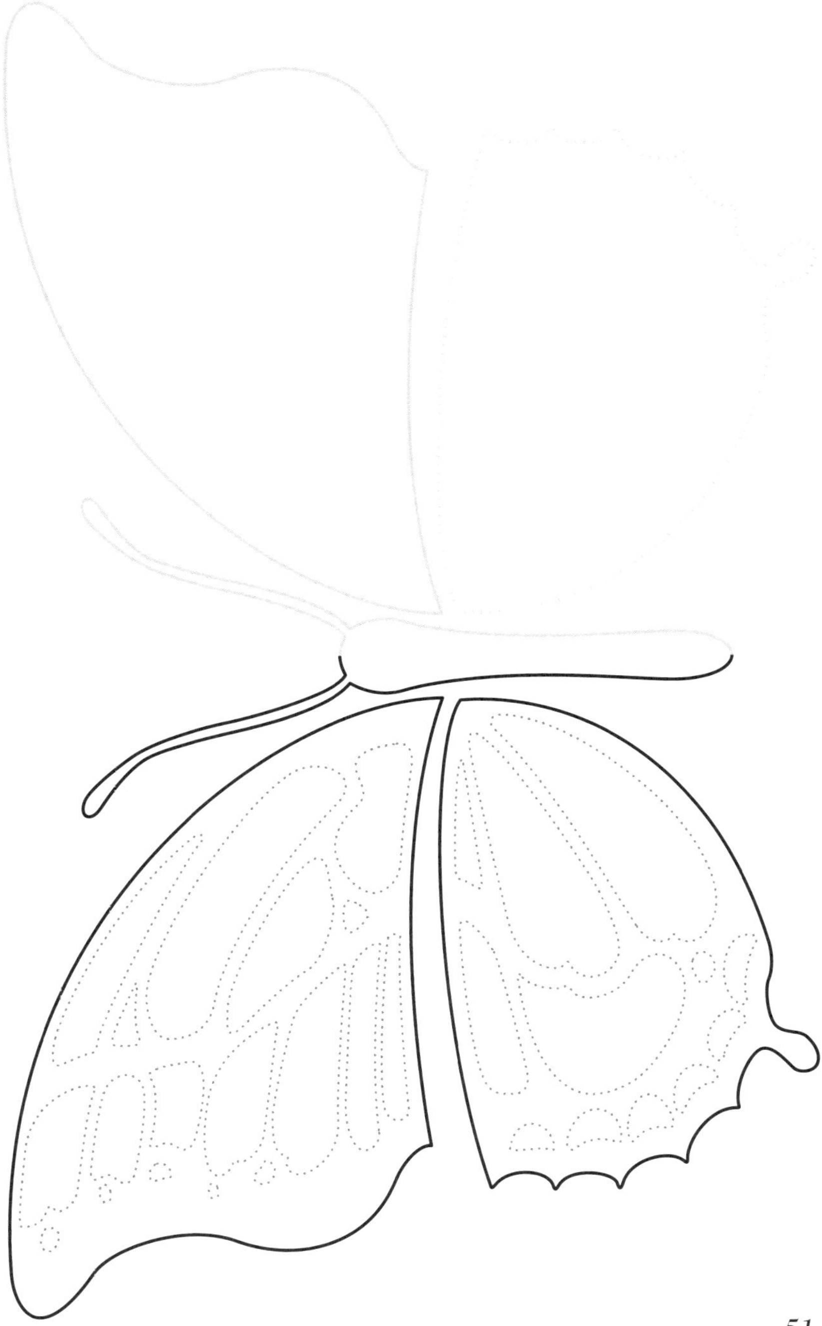

RANGE LA VAISSELLE

Relie chaque bol à son assiette.
Les parcours ne doivent pas se croiser, ni sortir de la table, ni passer entre deux bols qui se touchent.
Deux bols sont déjà reliés à leurs assiettes.

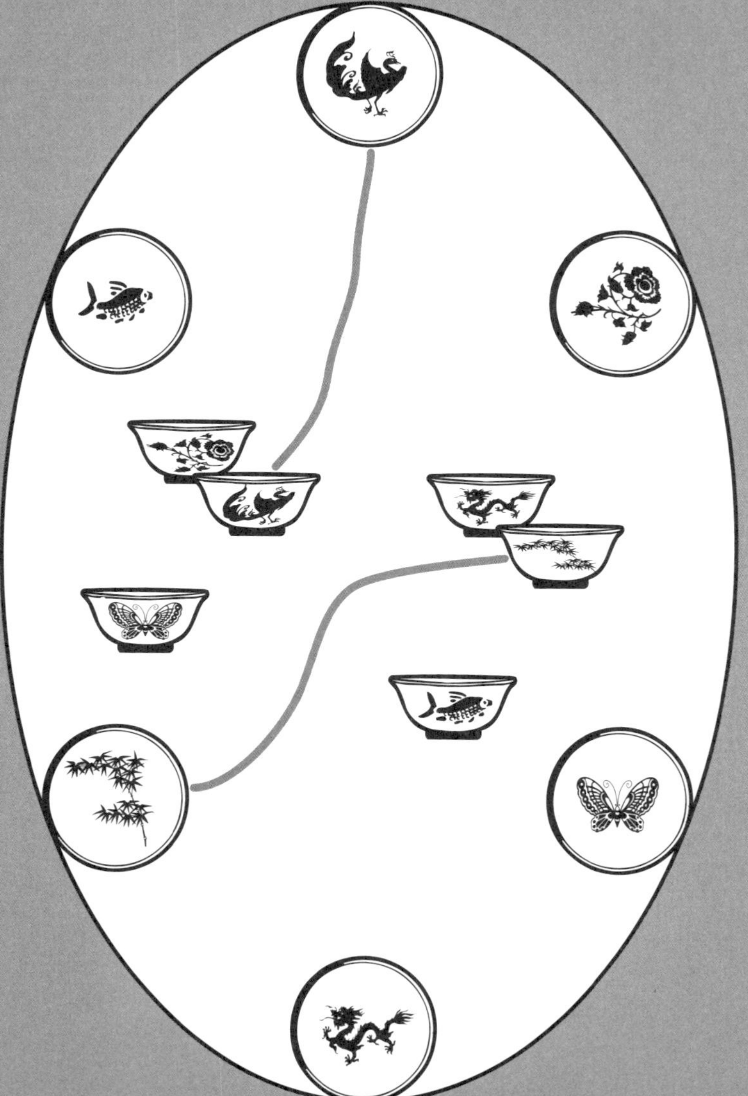

LA BONNE LONGUEUR

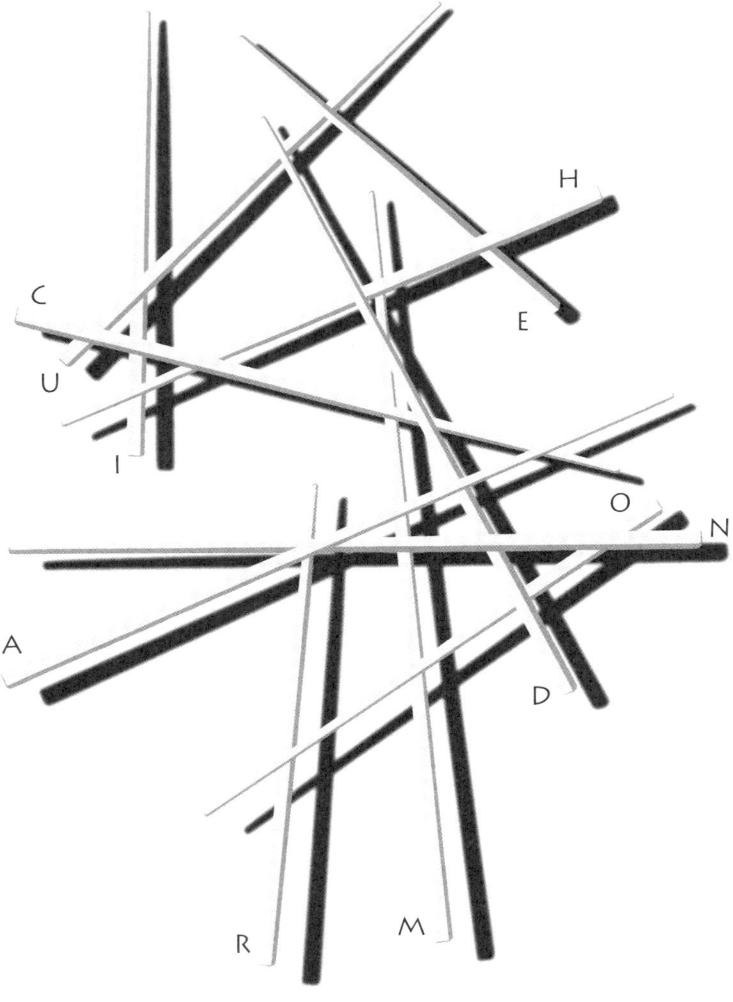

Observe bien ces onze baguettes et classe-les en fonction de leur longueur, **de la plus grande à la plus petite**. Inscris dans l'ordre chaque lettre pour découvrir d'où venait la dynastie des Qing.

... ...

CHINOISERIES

Dix petits rébus à trouver !
Un mot dans chaque case.

Exemple : **CHAPEAU**

CHAT 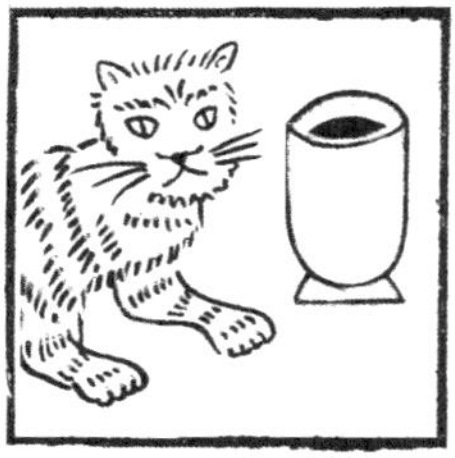 **POT**

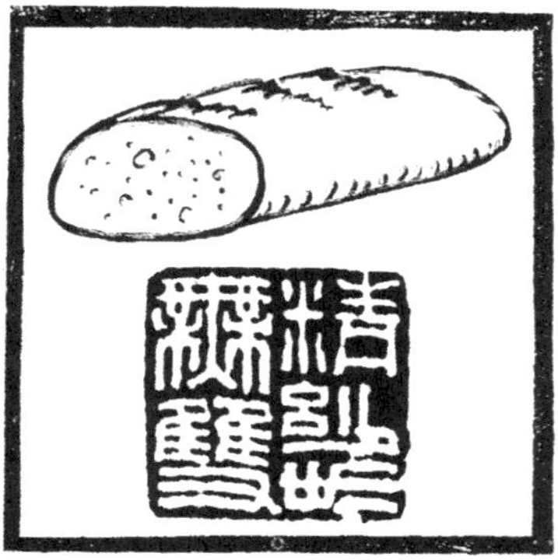

1

... ...

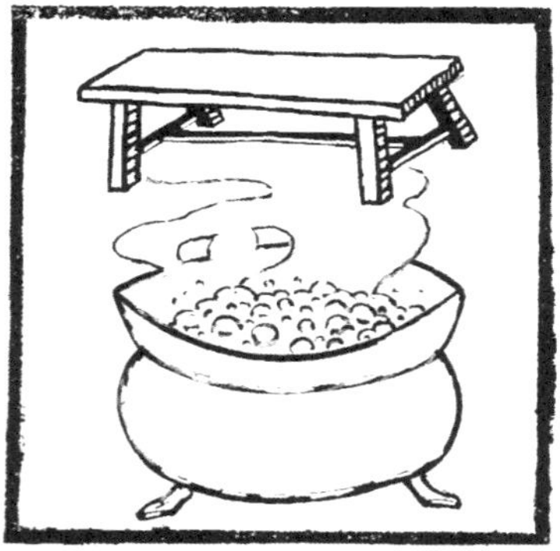

2

... ...

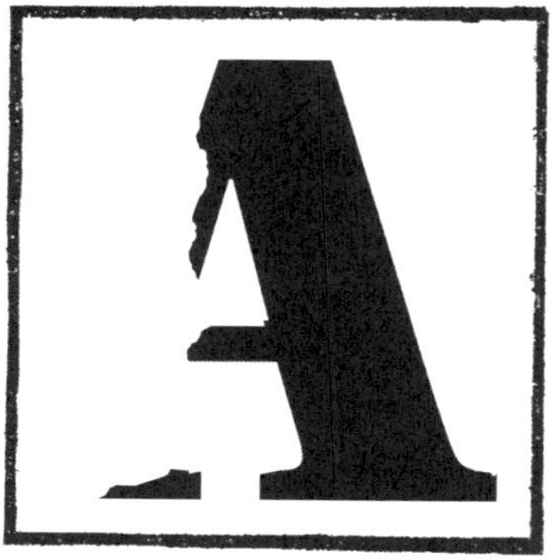

3

... ...

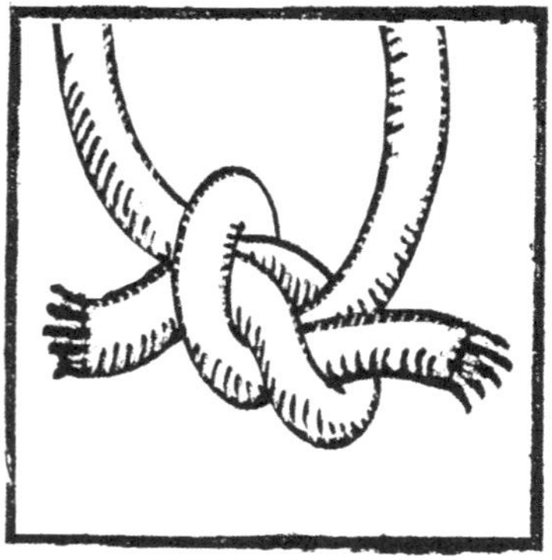

4

... ...

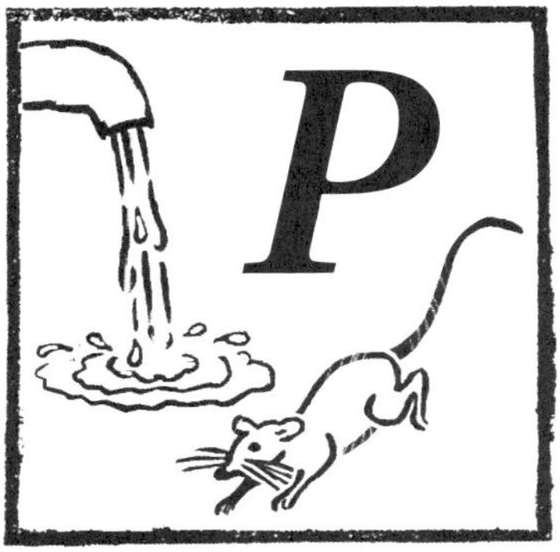

5

... ...

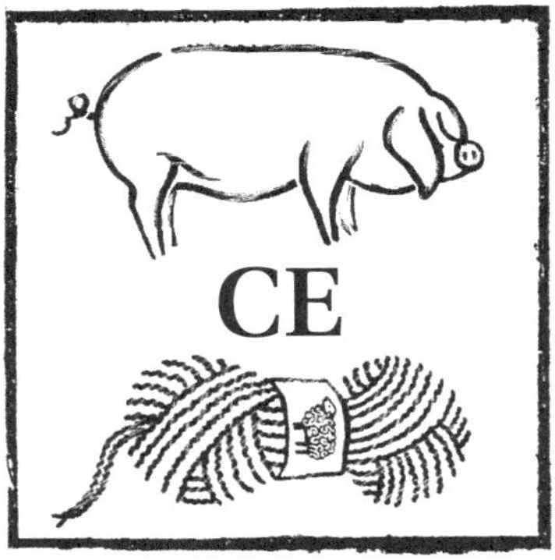

6

... ...

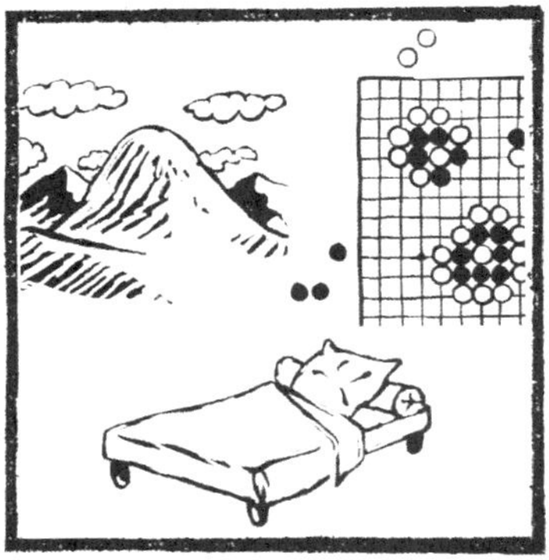

7

... ...

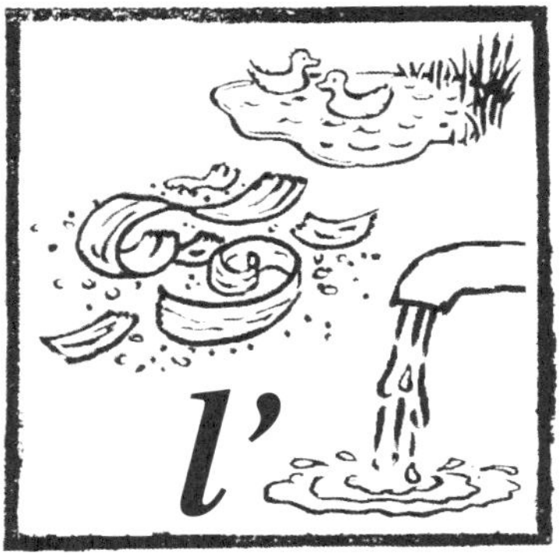

8

... ...

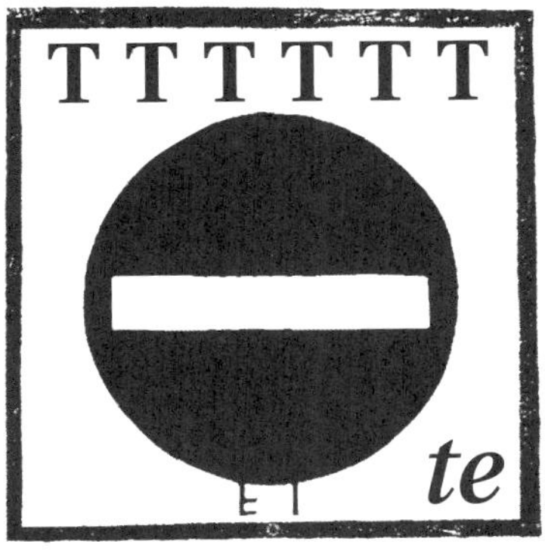

9

... ...

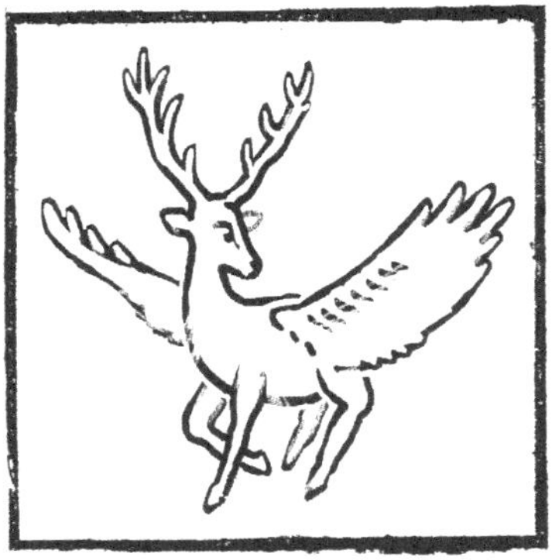

10

... ...

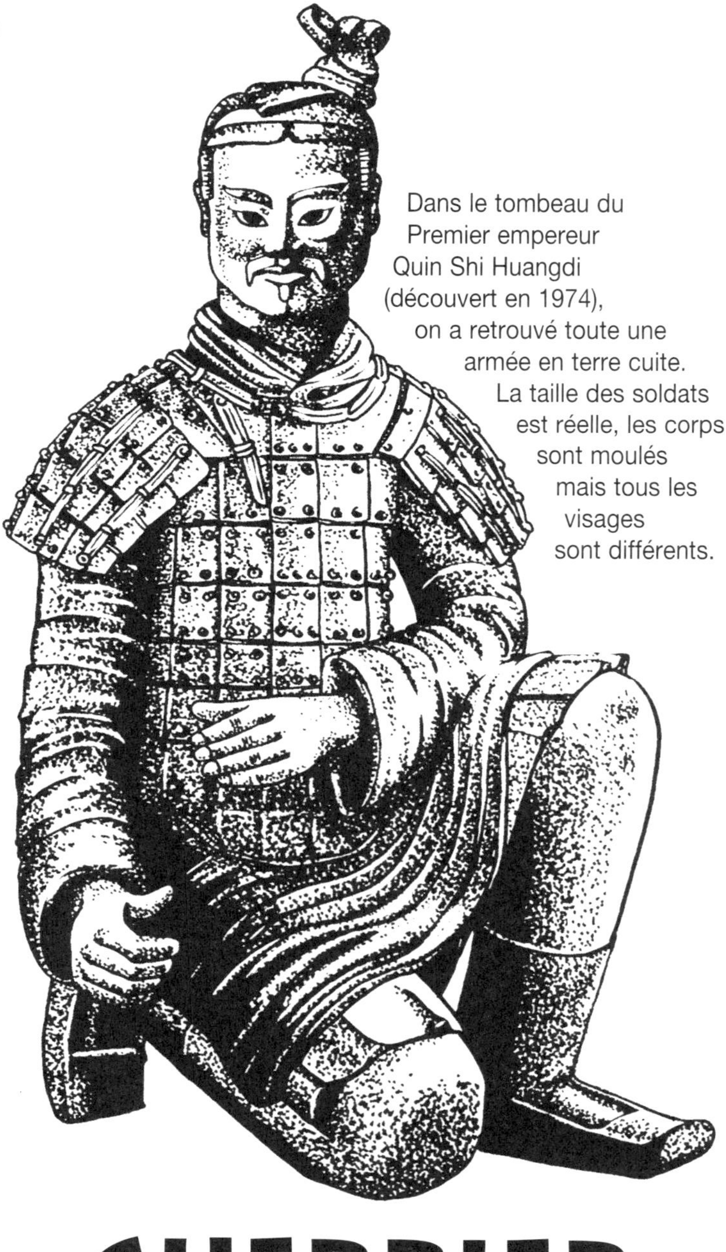

Dans le tombeau du
Premier empereur
Quin Shi Huangdi
(découvert en 1974),
on a retrouvé toute une
armée en terre cuite.
La taille des soldats
est réelle, les corps
sont moulés
mais tous les
visages
sont différents.

GUERRIER
DE L'ÉTERNITÉ

Ce guerrier prend
la pose devant
un miroir mais l'image
renvoyée (sur cette page)
est fausse.

**Retrouve les
7 erreurs.**

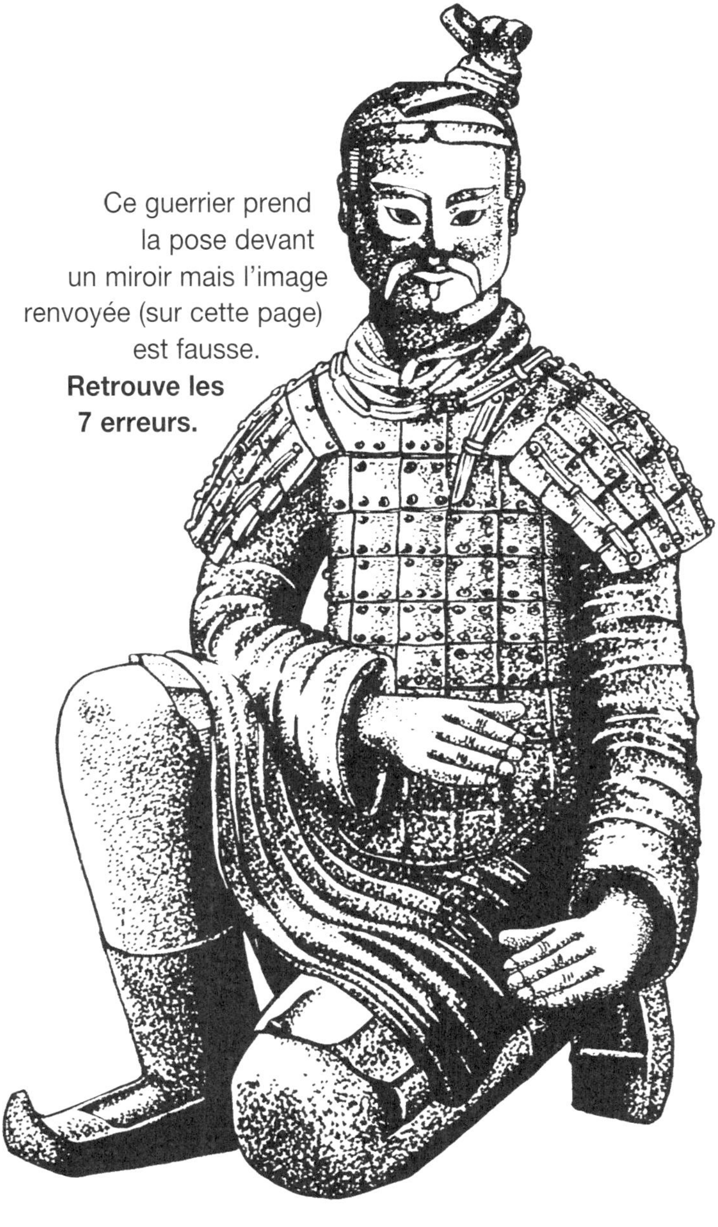

GUERRIER DE L'ÉTERNITÉ

Solutions

Pages 10/11 •
Papiers découpés

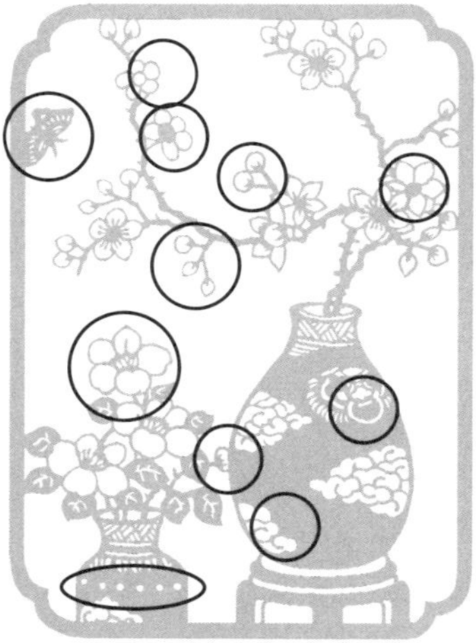

Pages 12/13 •
Caché dans le pavillon

E	I	H	P	A	R	G	I	L	L	A	C
N	I	K	E	P	P	I	V	O	I	N	E
I	M	P	E	R	A	T	R	I	C	E	L
A	O	S	P	I	G	N	O	K	E	M	A
L	I	E	Z	N	O	B	I	G	N	O	D
E	N	I	H	C	D	R	A	G	O	N	O
C	E	O	N	E	E	O	P	A	L	E	N
R	O	S	I	E	R	N	O	T	N	A	C
O	C	J	A	D	E	Z	U	E	M	R	A
P	H	E	N	I	X	E	D	A	B	E	H
T	O	U	R	G	E	N	R	U	A	A	D
I	D	E	L	U	G	E	E	E	M	A	D
B	E	S	C	E	A	U	X	U	B	R	U
E	L	S	U	I	C	U	F	N	O	C	O
T	I	G	R	E	R	E	I	L	U	O	B

PINCEAU

Page 14 •
Encre de Chine

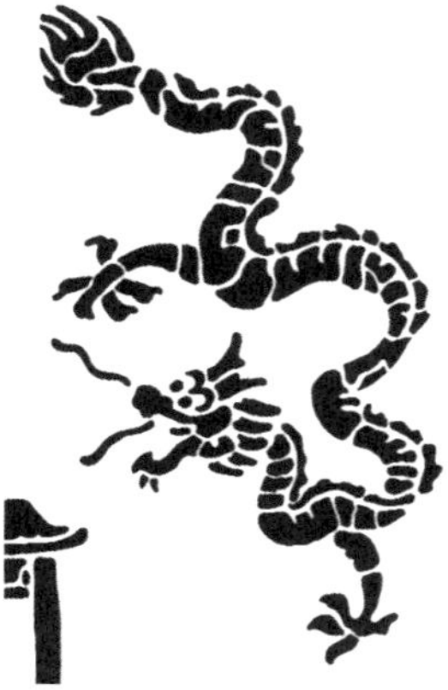

Page 15 •
La Grande Muraille

Chang : **99 briques, 4h57mn**
Li : **109 briques, 5h27 mn**

Page 18 •
Tiens le bambou

BAM/BOU, bambou - **BOUD/DHA,** Bouddha - **BOU/LIER,** boulier - **DRA/GON,** dragon - **PAG/ODE,** pagode - **PE/KIN,** Pékin - **PHE/NIX,** phénix - **PIN/CEAU,** pinceau - **PIV/OINE,** pivoine - **TOM/BEAU,** tombeau

Pages 19 •
Cerfs-volants

D

Pages 16/17 •

La route de la soie

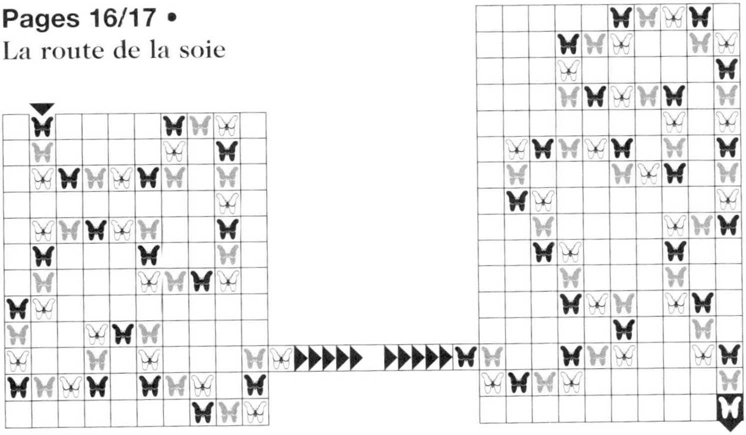

Page 20 •

Vrai ou faux

Vrai : **A - C - E - I - K**

Faux : **B - D - F - G - H - J - L**

Page 21 •

L'assiette cassée

A = **8**

B = **5**

Pages 22/23 •

L'empereur et l'impératrice

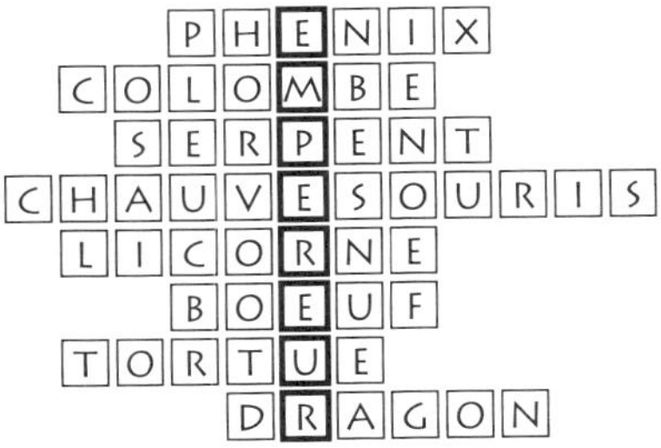

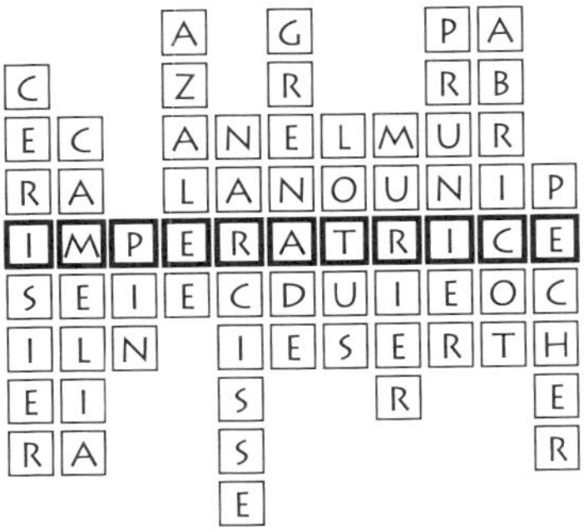

Solutions

Pages 24/25 •
Le grand Maréchal

6 et **14**

Page 26 •
La longue marche

1935						
1000	935					
600	400	535				
420	180	220	315			
345	75	105	115	200		
315	30	45	60	55	145	
305	10	20	25	35	20	125

Page 27 •
Bas les masques

1 et **10**

Pages 28/29/30/31 •
Tangram

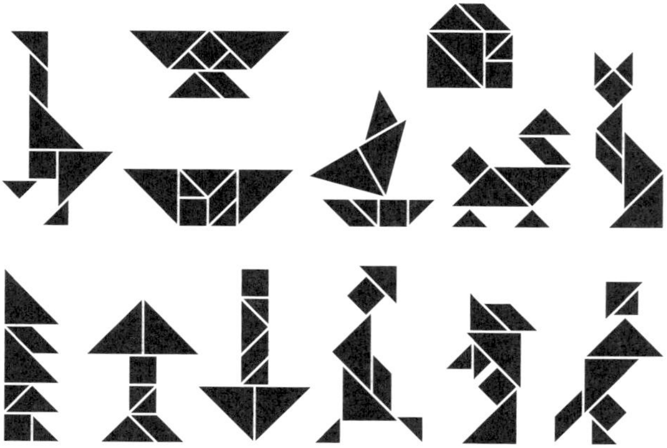

Page 32 •
Le grand paravent

C - E - A - F - B - D

Page 33 •
Le prix de
la porcelaine

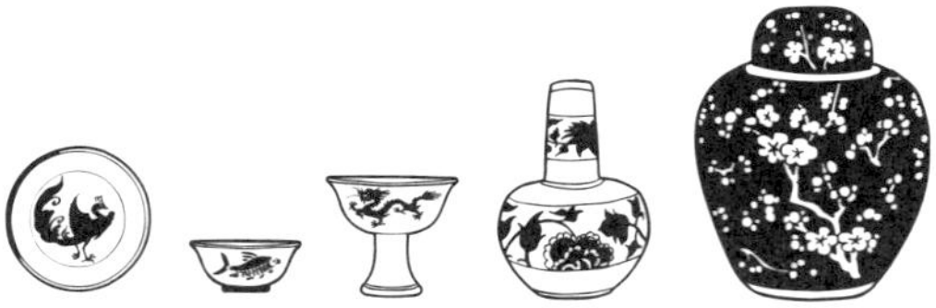

4 **5** **10** **20** **100**

Page 34 •
Bassin aux poissons

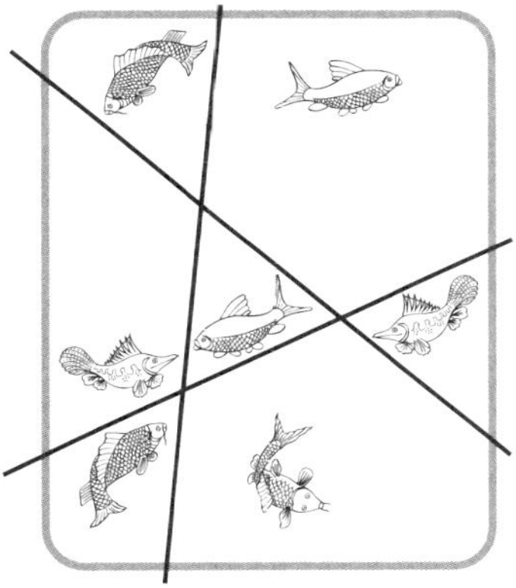

Page 35 •
Le carré de l'empereur

2	9	4
7	5	3
6	1	8

Pages 36/37 •
Grille en images

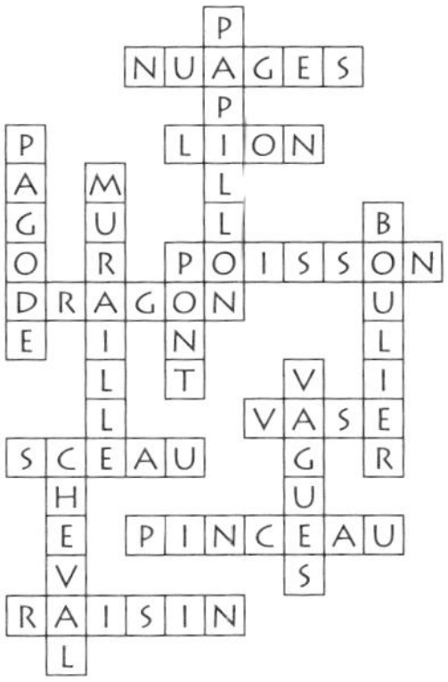

Page 38 •
Chasse l'intrus

Dynasties : GONG
Villes : SAÏGON
Jeux : TRICTRAC
Inventions : TRANSISTOR
Fleuves : ORANGE
Fleurs des saisons : HOUX
Animaux fabuleux : TRICERATOPS
Pays limitrophes : AUSTRALIE

Page 39 •
Parfum de Chine

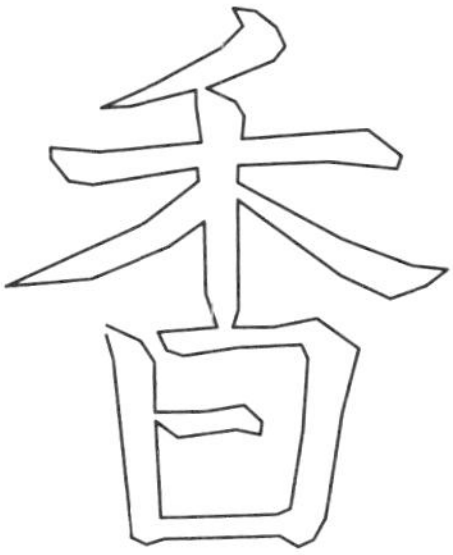

Solutions

Pages 42/43 •
Le bon compte

1 :

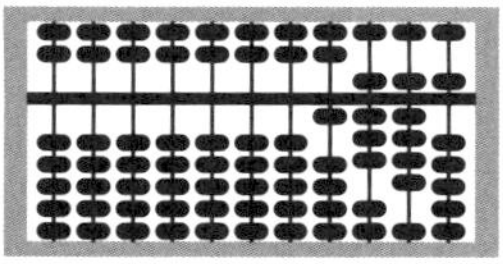

2 :

4 5 3 6

2 5 1 5 0

7 0 6 4 5 3

3 :

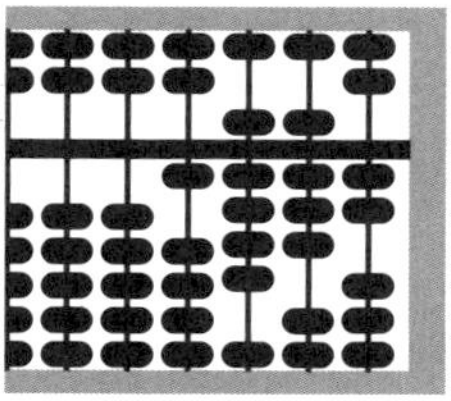

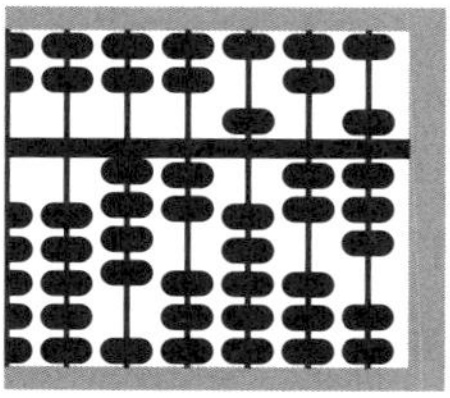

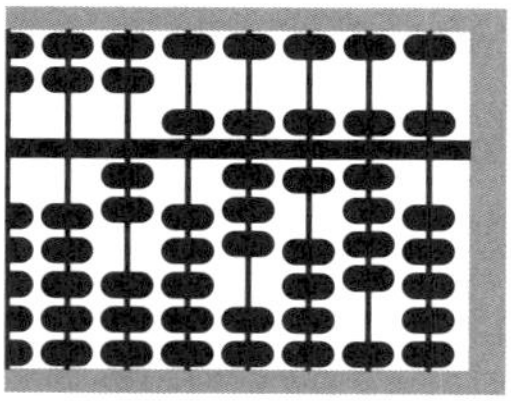

Page 44 •
L'ombre du dragon

1

Page 45 •
La porte de la Cité interdite

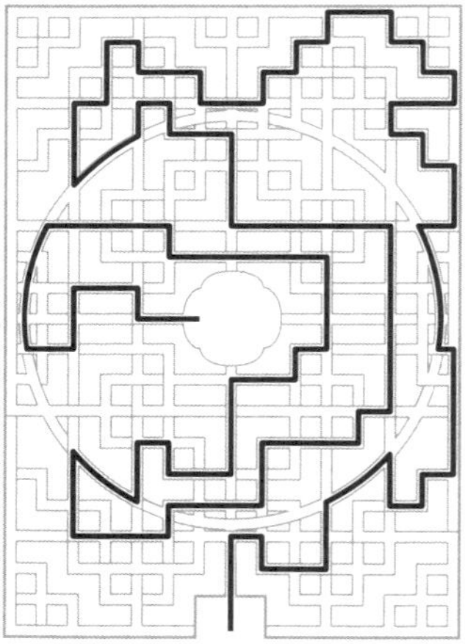

Pages 48/49 •
Inventions et découvertes

1 = IXe siècle
2 = VIe siècle
3 = IVe siècle avant J.-C.
4 = IIe siècle
5 = Ier siècle av. J.-C.
6 = Ve siècle av. J.-C.
7 = IIIe siècle
8 = Xe siècle
9 = IIIe siècle
10 = IIe siècle av. J.-C.
11 = IVe siècle
12 = XIVe siècle av. J.-C.

Pages 46/47 •
Déchiffre le chinois

Pictogrammes :

SOLEIL	HOMME	ŒIL	CHARIOT
ENFANT	MONTAGNE	RUISSEAU	CRAPAUD
MOUTON	PLUIE	TORTUE	GRIFFES

Calligraphies :

CRAPAUD	MOUTON	CHARIOT
RUISSEAU	MONTAGNE	ŒIL
ENFANT	HOMME	PLUIE
SOLEIL	GRIFFES	TORTUE

Page 53 •
La bonne longueur

M A N D C H O U R I E

Pages 54/55 •
Chinoiseries

1 **Pain-Sceau,** pinceau
2 **Banc-Bout,** bambou
3 **Bout d'A,** Bouddha
4 **Bouts liés,** boulier
5 **Eau-P-Rat,** opéra
6 **Porc-CE-Laine,** porcelaine
7 **Mont-Go-Lit,** Mongolie
8 **Mare-Copeaux-l'-Eau,** Marco Polo
9 **Six T-Interdit-te,** Cité interdite
10 **Cerf volant,** cerf-volant

Page 52 •
Range la vaisselle

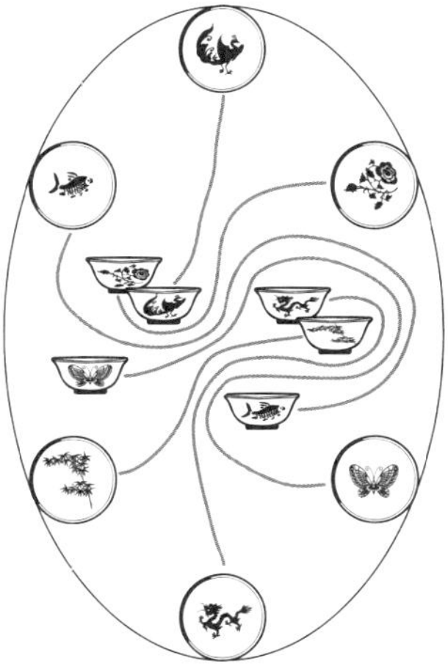

Pages 56/57 •
Guerrier de l'éternité

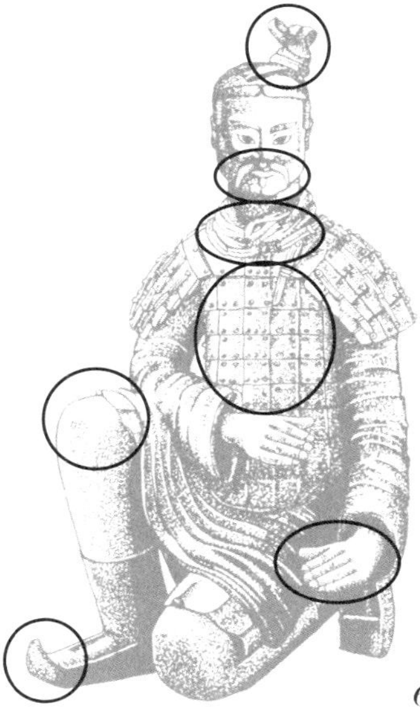

Directeur des éditions
Henri Bovet

Responsable de l'édition
Marie-Dominique de Teneuille

Fabrication
Isabelle Floc'h

Conception graphique et maquette
Jack Garnier

Le flashage a été réalisé par Bussière, Paris

Cet ouvrage a été achevé d'imprimer
en mars 2012 sur les presses de l'imprimerie
Chirat à Saint-Just-la-Pendue, France
qui en a également réalisé le façonnage.

Premier dépôt légal : décembre 2000
Dépôt légal : mars 2012

ISBN: 978-2-7118-4129-5

JT 00 4129